재미난 스페인

곽작가 지음

재미난 스페인

곽작가 지음

역사트레킹북스

차 례

작가의 말 공간의 확장이 지혜의 확장으로 **006**

스페인 개요 **009**

프롤로그 지도로 보는 스페인 역사 연대기 **010**

01 새우탕이 아니라 세우타?
매운맛일 줄 알았는데 섞인 맛이었네! **025**

02 스페인 땅에 있는 영국령, 지브롤터
돌산의 기운을 받은 천하장사 헤라클레스! **035**

03 스페인 남쪽 땅끝은 해적들의 소굴
스페인에 해적이 나타났다 **047**

04 세고비아 수도교를 보면 리듬감이 산다
돌기둥이 빚어낸 절대음감! **059**

05 산티아고 순례길에서 찾은 평화!
산티아고 순례길에 한국인들이 많은 이유? **071**

06 메세타 빼먹으면 재미없지!
스페인 한복판에 탁자 고원이 있다고? **083**

07 스페인어는 없다?
5억 명이 스페인어를 쓰고 있는데… **093**

08 5일 천하로 끝난 카탈루냐공화국
문제적 인물, 전 카탈루냐 자치정부 수반 카를로스 푸지데몬 **105**

09 카탈루냐는 스페인이 아니다?
카탈루냐의 정체성 1부 **117**

10 카탈루냐는 스페인이지만, 스페인이 아니다?
카탈루냐의 정체성 2부 **129**

11 입헌공동군주제? 그런 말도 있어?
피레네산맥의 작은 나라 안도라 **139**

12 마을버스를 타고 들어간 이비아
프랑스 땅에 왜 스페인 영토가 있어? **151**

13 게르니카에서 〈게르니카〉를 봤다!
스페인 내전과 게르니카 163

14 아빌라성과 한양도성
둥근 성곽이 이렇게 예쁠 수가 있어? 175

15 세비야와 여행궁합
잡탕찌개 같은 세비야 187

16 들쑥날쑥한 갈리시아 바닷가, 우리 서해와 남해가 생각난다
스페인의 서쪽 땅끝마을 피스테라 199

17 포르투갈과 스페인은 형제국?
비슷하지만 결이 다른 두 나라 209

18 로마를 공포에 떨게 한 한니발
카르타헤나에서 만난 주정뱅이 가브리엘 221

19 세비야 인근의 로마 유적지, 이탈리카
스페인에 세워진 최초의 로마 도시 233

20 풍광이 수려한 바엘로 클라우디아
천사는 어디에나 있어요! 보살님도 어디에나 있고요! 243

21 이베리아반도와 이슬람
알 안달루스, 711년부터 1492년까지 255

22 펠리페 2세와 스페인 무적함대
가톨릭을 수호하며, 최전성기를 이끈 펠리페 2세 267

23 환상적인 지브롤터해협 트레킹
지중해와 북아프리카를 동시에 만끽하며 걷는 길! 281

에필로그 1 순례길과 음식 292

에필로그 2 한국과 스페인, 왜 이렇게 닮은 거야? - 전 세계에 생중계된 쿠데타 296

작가의 말

공간의 확장이 지혜의 확장으로

중학교 1학년 때였던 걸로 기억한다. 내 입에서 '스페인, 포르투갈' 이라는 명칭이 튀어나왔다. 선생님이 무언가를 설명하셨고, 무심결에 두 나라의 이름을 흘리듯 대답했던 것 같다. 30년도 훨씬 더 지난 일이지만, 그날의 기억은 아직도 엊그제 일처럼 생생하게 뇌리에 박혀 있다. 어쩌면 그날 내 입 밖으로 내뱉어진 말들이 오랜 시간을 여행한 후 이 『재미난 스페인』에 내려앉은 것일지도 모른다.

그런 학창 시절의 추억이 이 책을 만드는 데 작은 원동력이 되어주기는 했다. 하지만 그게 전부는 아니었다. 결정적으로 스페인 관련 책을 쓰기로 결심한 건 산티아고 순례길을 걸을 때였다. 이미 여러 번 걸어서 새로울 게 없던 순례길이었다. 워낙 단독으로 트레킹을 하는 스타일이라 그때도 홀로 터벅터벅 걷고 있었다. 메세타 평원이라고 불리는 광활한

길이었는데 내 그림자를 친구 삼아 열심히 발걸음을 재촉했다. 그저 복습 차원으로 걷고 다음 여행지로 이동할 생각이었다.

그런데 열심히 걷다 보니 무언가 씻기듯이 비워지는 느낌이 드는 게 아닌가! 그리고는 '평화'라는 두 글자가 비워진 공간에 스며들었다. 내 안의 평화! 더 나아가, 세상의 평화! 드디어 순례길을 걷는 의미를 깨닫게 되는 순간이었다. 물론 그런 깨달음은 국내에서도 느꼈다. 남도 섬진강에서도 혹은 서울 인왕산에서도, 하지만 명징하게 깨닫지는 못했다.

순례길에서의 깨달음은 '스페인 알기'로 이어졌다. 물론 그전에도 스페인의 역사와 문화에 대한 서적들을 틈틈이 읽었다. 하지만 좀 더 심도 있게 알고 싶었다. 더 나아가 그렇게 알게 된 걸 다른 사람들에게 알려주고 싶었다. 사실 우리가 스페인을 알면 얼마나 알겠는가? 관광 혹은 순례길에만 초점이 맞춰져 있는 스페인을 넘어, 스페인의 속살까지 알려주고 싶었다.

그런데 그게 쉽지 않았다. 복잡한 스페인의 역사는 둘째치고, 어려운 사람 이름과 낯선 지명이 끊임없이 발목을 잡았다. 이런 난관들을 어떻게 담아낼지가 고민이었다. 고심 끝에 문장을 짧게 쓰기로 했다. 원래 좀 짧게 썼지만, 의식적으로, 더 단문으로 쓰기로 했다. 마치 웹소설을 쓰는 것처럼 말이다. 또한 일부러 지도를 많이 그려 넣었다. 처음 보는 지명들이 허공을 떠다니다가도 지도에서 그 위치가 확인되면 머릿속에서 자리를 잡게 될 테니까.

이 책은 가이드북이 아니다. 맛집이나 숙소 정보가 하나도 없다. 그렇다고 역사책도 아니다. 하지만 역사에 대한 분량이 상당히 많다. 그리고 에세이처럼 작성됐다. 한편 본문에 언급된 도시들은 거의 다 방문했다. 그래서 현장성만큼은 제대로 발휘했다고 자부한다. 이런 점들을 고려하여 그냥 '역사여행에세이'라고 부르려고 한다. 문명의 십자로상에 놓여 있는 스페인에 아주 다양한 문화들이 섞어찌개처럼 공존하듯이,

『재미난 스페인』도 다양하게 섞인 짬뽕 같은 책이 됐다고 생각한다.

'공간의 확장이 지혜의 확장으로 이어진다.'

필자가 역사트레킹 강의 시간에 종종 하는 말이다. 여행이 주는 참뜻을 표현한 말이다.

여행은 일어서서 하는 공부라고 하는데 그런 여행들을 통해서 참 많이 깨우쳤다. 유라시아 대륙의 동쪽 끝인 우리나라와 서쪽 끝인 스페인이 묘하게 닮은 구석이 있다는 것도 여행을 통해서 깨달았다. 스페인으로 공간을 확장하지 않았다면, 알 수 없었던 내용이었을 것이다.

책 제목이 '재미난 스페인'이지만 진짜 재밌는지는 잘 모르겠다. 하지만 쉽게 쓰려고 노력했다. 스페인에 관심 있는 분들에게 이 책이 좋은 입문서가 됐으면 하는 바람이다.

스페인 개요

국명	스페인왕국(Kingdom of Spain) / 현지에서는 에스파냐 왕국(Reino de España)으로 불림
국가형태	입헌군주국
수도	마드리드
인구	4,743만 명(2021)
면적	50만 5,370km^2 (한반도의 약 2.3배)
언어	스페인어(카스티야어, 공용어), 카탈루냐어, 바스크어, 갈리시아어(이상 지역 공용어)
종교	가톨릭(약 60%)
민족	라틴족
행정구역	총 19개 지방자치단체로 구성. 17개 광역자치지역과 2개의 자치시(북아프리카의 세우타와 멜리야).

스페인 개요 9

프롤로그

지도로 보는 스페인 역사 연대기

　이 책은 원고 한 쪽지마다 그 글에 연관되는 지도를 실었다. 그래서 지리책도 아니면서 지도를 많이 그려 넣은 게 이 책의 특징이 돼버렸다. 사실 우리가 스페인에 대해서 알면 얼마나 알겠는가? 마드리드, 바르셀로나, 세비야 등등. 몇몇 유명한 이름이 아니면 처음 접하는 경우가 대부분일 것이다. 그렇게 낯선 지명들이 연이어 등장할 때는 책장을 넘기기는커녕 그냥 책을 덮어버리게 된다. 그때는 지도를 보는 게 가장 좋다. 머릿속을 떠다니던 낯선 지명들이 지도상에서 확인이 되면 술술 책장을 넘길 수 있게 된다.

　스페인 관련 가이드북들은 프롤로그에 스페인 역사를 간략하게 서술한다. 다른 나라를 다룬 가이드북들도 마찬가지다. 필자도 프롤로그에 간략하게 스페인 역사를 연대기 순으로 서술할 생각이었다. 하지만 생각을 바꿔 지도 연대기를 그려 넣기로 했다. 낯선 지명에 더해 낯선 스페인 역사를 서술하면, 독자들의 머릿속을 굉장히 복잡하게 만들 수도 있기 때문이다. 그나마 지도를 보면서 글을 읽다 보면 좀 더 이해가 쉬울 것이다. 흐름에 맞춰 본문에 있는 몇몇 지도를 재활용(?)하기도 했다. 이 점 양해 바란다.

　필자는 어려서부터 지도 보는 걸 무척이나 좋아했다. 그런 습성이 이

책에 고스란히 녹아든 셈이다. 필자의 습성이 독자들의 이해도를 높이는 데 보탬이 됐으면 하는 바람이다.

#순서1: 이베리아반도에는 아주 오래전부터 인류가 발자취를 남겼다. 가장 오래된 부족은 이베로족으로 알려져 있는데 이들은 기원전 10~13세기, 북아프리카에서 이동해왔다고 한다. 하지만 이베로족이 이주민이 아닌 원래부터 이베리아반도에 살던 원주민이라는 주장도 있다. 이베로족은 지중해를 따라 주로 남동부 지역에 거주하였다.

북서쪽에는 셀타족이 자리를 잡는다. 셀타족은 켈틱족을 말한다. 기원전 900년경에 피레네산맥을 넘어온 그들은 이베리아반도에 철기문화를 가지고 들어 온다. 이베리아반도의 중앙부에는 이베로족과 셀타족의 결합하여 형성된 셀티베로Celtibero족이 새롭게 출현한다.

#순서2: 문명의 십자로상에 놓인 이베리아반도에는 지정학적 특성상 수많은 이민족이 발자국을 남기고 갔다. 고대 시대, 이베리아반도에 들어온 대표적인 이민족들은 페니키아인, 그리스인, 카르타고인, 로마인이

었다.

　페니키아인은 지금의 레바논 지역을 근거지로 삼았던 사람들로 해상무역에 능했던 이들이었다. 페니키아인들은 기원전 1100년경부터 이베리아반도 남부에 거점을 만들어나갔다. 지브롤터해협을 돌아 포르투갈 해안가에도 거점을 만들기도 했다. 이들은 올리브유, 포도주, 직물 등을 수출하고, 금과 은 같은 금속들을 수입해 갔다. 그리스인은 페니키아인보다 늦게 기원전 630년 무렵부터 이베리아반도에 정착지를 만든다. 그들은 동부 해안가에 정착했는데 도자기, 향수, 포도주 등을 가져다주었다.

　페니키아와 그리스 등의 이민족과는 구별되는 세력들도 등장한다. 세비야 일대에 타르테소스^{Tartessos} 왕국이 들어서는데, 이 왕국은 이베리아반도에 들어선 최초의 문명국이라고 할 수 있다. 지금의 포르투갈 중부 지역에는 루시타니아^{Lusatian}가 성장해나간다. 포르투갈 사람들은 자신들이 루시타니아의 후예라고 생각한다.

#순서3: 기원전 814년, 지금의 북아프리카 튀니지에 카르타고가 세워진다. 페니키아 혈통인 카르타고는 지중해의 해상무역권을 두고 로마

와 숙명의 라이벌이 된다. 결국 두 나라 사이에 전쟁이 벌어지게 된다. 그 전쟁이 바로 포에니Poeni전쟁이다. 그 이름도 유명한 한니발은 로마의 간담을 서늘하게 하며, 제2차 포에니전쟁에서 큰 활약을 했다. 당시 한니발이 진군을 시작했던 곳이 이베리아반도 동남부에 있는 카르타고 노바(현 카르타헤나)이다.

포에니전쟁은 총 3차에 걸쳐 벌어지는데 모두 다 로마가 승리한다. 걸출한 영웅인 한니발도 로마군에 쫓기다 스스로 목숨을 끊게 되고, 카르타고는 멸망한다.

#순서4-1: 페니키아, 그리스, 카르타고로 이어진 이민족들의 행렬에 로마도 발을 들여놓는다. 로마는 이베리아반도 점령지를 히스파니아Hispania로 불렀다. 제2차 포에니전쟁(기원전 218~202)이 종료되고, 5년 후인 기원전 197년에 히스파니아 시테리오르Hispania Citerior와 히스파니아 울테리오르Hispania Ulterior를 설치한다. 히스파니아 시테리오르는 로마가 있던 이탈리아반도와 가까운 지역이었고, 히스파니아 울테리오르는 지금의 안달루시아 지역에 해당한다.

#순서4-2: 로마가 공화정에서 황제 정치로 권력체제를 바꾸게 된다. 초대 황제는 아우구스투스^{Augustus}(재위 기원전 27~기원후 14)였다. 아우구스투스 황제 시절인 BC 19년에 이베리아반도는 완전히 로마에 복속된다. 약 200년 동안 이어졌던 로마의 히스파니아 정복이 마침내 종지부를 찍은 것이다. 갈리아 지방, 즉 지금의 프랑스를 점령하는 데 불과 7년 정도밖에 걸리지 않은 걸 고려하면 확실히 오래 걸린 셈이다.

점령지의 변화에 따라 행정구역도 달라진다. 베티카^{Bética}, 루시타니아^{Lusitania}, 타라콘엔시스^{Tarraconensis}로 개편됐다. 지도는 기원전 27년의 모습을 나타낸 것이다.

#순서4-3: 서기 214년, 카라칼라^{Caracalla} 황제 시대에 타라콘엔시스 Tarraconensis에서 갈라에시아^{Gallaecia}가 분화되었다. 갈라에시아는 이름에서도 보여지듯 지금의 갈리시아 지역를 말한다. 이로써 이베리아반도 내륙의 행정구역은 베티카, 루시타니아, 타라콘엔시스, 갈라에시아 등 4개가 된다.

카라칼라는 로마의 21대 황제로 폭군이기도 했지만, 로마 시민권을 확장한 「안토니누스 칙령」을 제정하기도 했다. 「안토니누스 칙령」은 212년에 만들어졌는데 그동안 제한적으로 부여되던 로마 시민권을 대폭 확장했다. 로마제국의 영토 안에 있는 자유민 남성이라면, 변방 지역민이라고 해도 로마 시민권을 부여한다는 것이 칙령의 주요 내용이다. 카라칼라의 정식 명칭이 안토니누스^{Antoninus}여서 「안토니누스 칙령」이라고 불렸다.

#순서4-4: 서기 293년, 디오클레티아누스^{Diocletianus} 황제 시기에 타라콘엔시스에서 카르타힌엔시스^{Carthaginensis}가 분리된다. 이로써 이베리아반도 내륙의 행정구역은 베티카, 루시타니아, 타라콘엔시스, 갈라에시아, 카르타힌엔시스 등 총 5개가 된다. 이후 385년에 지중해 발레아루스 제도에 발레아리카^{Balearica}가 설치된다.

디오클레티아누스는 43대 황제였는데 당시 로마는 극심한 혼란기에 휩싸였다. 235년부터 약 50년 동안 군인황제 시기를 겪게 됐는데 이 기간에 무려 26명의 황제가 제위에 올랐다. 284년에 황제로 등극한 디오클레티아누스는 이런 혼란을 끝내기 위해 제국을 '동로마', '서로마'로 나누었다. 그리고 동로마와 서로마에 각각 부황제인, 부제를 두었다. 이로써 로마는 4명의 우두머리가 통치하는 사두정치를 실시하게 된다.

#순서5: 복잡한 내부 문제, 게르만족의 대이동 등등. 로마는 내우외환에 휩싸이게 된다. 서기 476년, 결국 게르만족 출신 용병 오도아케르에 의해 서로마제국이 멸망한다.

서로마제국이 몰락하기 전부터 이베리아반도에는 게르만족들이 들어왔다. 반달족, 알라니족, 수에비족 등이 그들이다. 당시 로마는 서고트

족에게 이들의 정벌을 맡겼다. 서고트족이 로마에 대한 이해도가 더 깊다고 판단했기 때문이다. 게르만족을 이용하여 같은 게르만족을 정벌하게 하는, 이이제이 전략을 펼친 것이다.

서기 428년, 서고트족은 반달족과 알라니족을 몰아낸다. 반달족과 알라니족은 북아프리카로 건너가 왕국을 건설한다. 수에비족이 세운 수에비 왕국은 585년까지 지속되다 서고트 왕국에 의해 멸망한다.

이 지도는 서기 560년경을 나타내는데 남부 지역에 있는 동로마제국 정복지가 눈에 띈다. 당시 동로마는 유스티니아누스 1세가 다스리고 있었다. 유스티니아누스 1세는 잃어버린 로마제국의 영토를 회복하는 것을 큰 통치 목표로 삼고 있었다. 그래서 552년에 이베리아반도 남부를 침공하게 된다. 하지만 이 정복지는 유스티니아누스 1세 사후에 다시 서고트 왕국으로 복속된다.

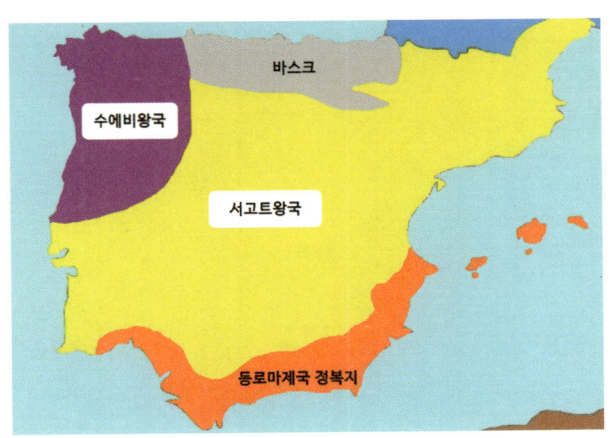

#순서6: 로마가 사라진 이베리아반도를 서고트 왕국이 차지하였다. 시간이 흘렀다. 서기 711년, 서고트 왕국은 내전에 휩싸이게 된다. 이때 북아프리카에 있던 이슬람 무어인들이 서고트 왕국 내전에 참전하게 된다. 이슬람 세력은 철수하지 않았고, 북부 산악지역을 제외한 이베리아 반도 전역을 정복하게 된다.

이슬람 세력의 이베리아반도 점령의 서막이 열린 것이다. 이슬람 인들은 1492년까지, 무려 700년 이상을 이베리아반도에 머무르게 된다. 그들은 정복한 이베리아반도 영토를 두고, 알 안달루스Al-Andalus 라고 불렀다. 이슬람 세력에 대항하여 가톨릭 왕조들은 레콘키스타 reconquista라고 불리는, 국토회복운동을 실시한다. 그래서 안 알달루스 영역은 가톨릭 왕조들의 흥망성쇠에 따라 가변적으로 변하게 된다.

이 지도는 서기 756년의 상황을 담았다.

#순서7: 북부 지역에 여러 개의 가톨릭 왕조들이 등장한다. 가톨릭 왕조들은 서로 협력하기도 하고, 서로 갈등을 겪기도 한다. 남부의 이슬람 세력에 맞서 동맹을 맺어 함께 싸우기도 했지만 반대로 이슬람 세력을 끌어들여 자국의 이익을 챙기기도 했다. 그런데도 국토회복운동의 기조는 계속됐다.

이 지도는 포르투갈이 건국된, 12세기 중반부터 13세기 초반의 상황을 담았다.

#순서8: 본 지도는 서기 1450년 무렵을 담았다. 반도 중앙부에는 강대국 카스티야 왕국이 크게 자리를 잡고 있다. 그래서 포르투갈은 중앙으로의 확장이 어려워 대서양 쪽으로 눈을 돌렸고, 비슷한 이유로 아라곤 왕국도 지중해 방향으로 시선을 돌렸다. 아직 국토회복운동이 종료되지 않은 상태라 그라나다 왕국(나사리 왕국)도 남쪽 해안가에서 명맥을 유지하고 있다.

1469년, 카스티야 왕국의 이사벨 1세 여왕과 아라곤 왕국의 페르난도 2세가 결혼함으로써 두 왕국은 연합왕국을 이루게 된다. 이후 1492

년에 그라나다 왕국을 완전히 몰아내고, 마침내 국토회복운동을 성공적으로 마무리하게 된다. 이해에 콜럼버스는 신대륙(?)을 발견하게 된다.

#순서9: 아라곤 왕국의 최대 영역을 표시했다. 아라곤 왕국은 지중해에서 13세기부터 15세기까지 영향력을 넓혀갔다.

#순서10: 1516년, 카를로스 1세^Carlos I가 스페인 왕으로 등극한다. 또한 1519년, 그는 카를 5세^Karl V란 이름으로 신성로마제국 황제로 제위에 오른다. 합스부르크 출신이었던 카를로스 1세는 스페인 왕과 신성로마제국 황제 자리를 동시에 거머쥐었다. 서쪽의 스페인에서 동쪽 독일 지방까지…. 카를로스 1세는 대제국을 건설했고, 그 광대한 영토가 아들 펠리페 2세^Felipe II에게로 전해지게 된다.

이 지도는 1547년 상황을 나타내고 있다.

#순서11: 1556년, 카를로스 1세가 퇴위한다. 아들 펠리페 2세에게는 스페인을, 동생인 페르디난트 1세^Ferdinand I에게는 신성로마제국을 넘긴다. 독일 지방의 통치권이 사라지긴 했지만 펠리페 2세 시기의 스페인은 유럽 최고의 초강대국으로 우뚝 서게 된다. 남아메리카와 필리핀, 거기에 더해 1580년에 얻은 포르투갈까지…. 펠리페 2세는 1556년부터 1598년까지, 무려 42년간 스페인을 통치한다. 이런 스페인을 두고, '해가 지지 않는 나라'라는 별칭이 붙는다. 영국보다 먼저 해가 지지 않았던 나라가 스페인이었다.

#순서12: 18세기 라틴아메리카 지도다. 여러 개의 부왕령과 총독령이 설치됐다. 라틴 아메리카는 나폴레옹 전쟁(1803~1815)을 전후로 하여 독립한다.

#순서13: 대항해시대를 맞아 스페인과 포르투갈은 경쟁적으로 항로 개척에 나서게 된다. 양국 간에 마찰이 불 보듯 뻔한 일이 됐다. 이에 1494년, 교황 알렉산더 6세의 중재로 두 나라의 왕들이 스페인의 토르데시야스Tordesillas라는 도시에 모이게 된다. 두 나라는 서경 46도를 기준으로 서쪽은 스페인, 동쪽은 포르투갈이 차지할 수 있는 권리를 나눠 갖게 된다. 이를 '토르데시야스 조약'이라고 부른다. 브라질은 토르데시야스 조약에 따라 스페인 식민지가 아닌 포르투갈 식민지가 된다.

01 새우탕이 아니라 셰우타?
매운맛일 줄 알았는데 섞인 맛이었네!

헤라클레스기둥
세우타항 방파제에 세워진 작은 헤라클레스상. 왼쪽에 바다 건너서 보이는 봉우리가 영국령 지브롤터다.

'뭐, 세우타? 새우탕이 아니고?'

처음 세우타Ceuta라는 지명을 들었을 때의 내 반응이었다. 평소에 워낙 새우탕 사발면을 좋아해서 나온 반응이었다. 입맛을 다시며 스페인이 포함된 이베리아반도 지도를 찾아보았다. 마드리드, 바르셀로나, 세비야, 빌바오 등등. 스페인 프로축구 프리메라리그에서 두각을 나타내는 팀들의 연고지 위주로 찾아보았다. 없다. 그래서 산티아고 순례길을 따라서 찾아보았다. 팜플로냐, 부르고스, 레온 등등. 역시 없다. 옆 나라 포르투갈까지 샅샅이 찾아보았다. 하지만 도대체 눈에 띄지 않는다.

'네가 거기 왜 있어. 그러니까 찾기가 힘들지!'

세우타는 이베리아반도가 아닌 북아프리카에 자리 잡고 있었다. 정확히는 모로코 땅 한쪽에 섬이 아니지만 섬처럼 고립된 형태로 존재하고 있었다. 이렇게 한 나라의 영토이지만 다른 나라 안에 있는 땅을 두고 비지(飛地)라고 부른다. 한자 '날 비(飛)'가 쓰인 것처럼 본국과는 떨어져 있는 영토다. 다른 나라에 의해 둘러싸여 있다고 하여 '고립영토'라고도 불린다. 참고로 비지 중에서 가장 유명한 곳은 폴란드와 리투아니아 사이에 있는 러시아 영토인 칼리닌그라드다.

모로코 땅에 있는 스페인 영토, 세우타

세우타는 지중해와 대서양을 연결하는 지브롤터^{Gibraltar}해협에 있다. 지브롤터해협을 사이에 두고 유럽 쪽으로는 영국령 지브롤터가 있고, 북아프리카 쪽으로는 세우타가 있는 것이다. 이 해협의 좁은 곳은 폭이 15km가 안 될 정도다. 대서양과 지중해가 교차하고, 유럽과 아프리카가 손에 닿을 듯 바라다보이니 지브롤터해협 일대가 얼마나 중요하겠나! 지정학적인 눈을 가지지 않은 사람도 딱 보면 알 정도다.

그런 세우타에 항구를 건설한 이들은 카르타고^{Carthago}인이었다. 이들은 지중해의 패권을 두고 로마와 전쟁을 벌였는데, 그것이 바로 포에니전쟁이다. 제2차 포에니전쟁에서는 그 유명한 한니발이 활약한다. 한니발이 기세를 올렸지만, 카르타고는 포에니전쟁에서 패배한다. 세우타도 로마의 세력권 안에 놓이게 된다.

대륙과 대륙이 만나는 문명의 교차점이어서 그랬나? 세우타는 반달족들이 쳐들어오기도 했고, 비잔틴제국이 점령하기도 했다. 북아프리카가 이슬람화가 된 이후에는 아랍인들의 지배를 받게 된다. 한편 북아프리카를 점령한 이슬람 무어인들은 711년, 이베리아반도를 침공하여 서고트 왕국을 무너뜨린다. 이 무렵부터 이베리아반도에 있던 그리스도교인은 레콘키스타^{reconquista}라고 불리는 국토회복운동에 나선다.

15세기가 됐고 대항해시대가 열렸다. 먼저 돛을 높이 달고 대서양으로 향한 건 스페인이 아니라 포르투갈이었다. 당시 스페인 남부에는 이슬람 무어인들의 왕국이 계속해서 항전하고 있었다. 그 유명한 그라나다 왕국이 바로 그 나라이다. 콜럼버스가 스페인 왕의 지원을 받아 대서양

Royal Walls
직역하면 '왕립장벽'이 될 것이다. 애초 이 성벽은 포르투갈인들에 의해 만들어졌다. 이후 스페인이 세우타를 점령했고, 왕립장벽도 스페인 사람들에 의해 계속 보강되었다. 성체에 여기저기 탄환의 흔적들이 있다. 보기만 해도 참 치열하다.

Royal Walls
독특하게도 해자를 지중해 바닷물로 채웠다.

항해클럽등대(Faro del Club Nautico)
세우타항 한쪽에 자리잡고 있는 오래된 등대. 뒤쪽에 있는 산은 해발 204m 아초산으로, 정상부에 아초산요새(Monte Hacho Fortress)가 길게 자리 잡고 있다. 아초산요새에서는 12시가 되면 '정오 예포'를 발사한다. 이 예포 발사는 300년 이상 이어온 전통이라고 한다.

세우타 헤라클레스 기둥
이게 진짜 헤라클레스 기둥 조형물이다. 세우타항 방파제에 있는 것보다 훨씬 더 크고 웅장하다.

으로 향한 때가 1492년이었다. 이해에 그라나다 왕국은 이베리아반도에서 사라지게 된다. 레콘키스타도 종료된다.

1415년 세우타는 포르투갈에 의해 점령된다. 세우타 공략에는 항해왕 엔히크^{Henrique}가 앞장섰다. 그는 포르투갈 왕 주앙 1세의 셋째 아들이었다. 포르투갈은 세우타를 통해 북아프리카에서의 세력 확장에 나서게 됐다. 대항해시대의 서막이 열리게 된 것이다. 참고로 엔히크는 '항해왕'이었지만 진짜 왕위에는 오르지 못했다. 다음 왕위는 첫째 아들인 두아르테가 이어받았다.

머리가 복잡해진다. 카르타고는 왜 나왔고, 레콘키스타는 또 무엇인가? 더군다나 스페인 땅이라면서 포르투갈 항해왕은 왜 또 불쑥 나왔는가? 익숙지 않은 지명에 낯선 사람 이름까지…. 세계사 공부를 제대로 안 했던 값을 제대로 치르고 있다. 머리는 복잡했지만, 세우타로 가는 여객선은 지브롤터해협을 시원스럽게 가로질러 가고 있었다. 객실 밖으로 나갔더니 그 유명한 지브롤터 암벽이 눈 앞에 펼쳐지고 있었다.

기둥 두 개를 들고 있는 천하장사, 헤라클레스!

1578년이었다. 포르투갈의 세바스티앙 1세$^{Sebastião\ I}$가 모로코인과의 전쟁에서 전사하고 만다. 당시 세바스티앙 1세의 나이가 스물네 살이었는데 결혼하지 않아 왕비도, 후사도 없었다. 1580년, 이런 권력 공백을 틈타 스페인의 펠리페 2세는 포르투갈을 병합하기에 이른다. 이후로 세우타는 스페인의 통치하에 놓인다. 60년간의 합병을 뒤로하고, 1640년에 포르투갈이 스페인에서 독립했을 때도 세우타는 계속 스페인령으로 남게 된다.

미끄러지듯 여객선이 세우타항에 들어섰다. 방파제 끝단 부분을 보니 기둥 두 개를 들고 서 있는 헤라클레스^{Heracles}상이 보였다. 좀 작았다.

이게 전부인가? 천하장사의 기운을 가진 헤라클레스 동상을 기대했는데…. 아니었다. 알고 보니 세우타 중심지역에 큰 동상이 하나 더 있었다. 그 동상은 제대로였다. 천지를 호령하는 듯 육중한 기골로 큰 기둥 두 개를 들고 서 있는 모습이었다. 스페인 국기를 보면 기둥 두 개가 들어가 있는데 그게 바로 헤라클레스가 들고 서 있는 기둥이다. 참고로 스페인어에서는 헤라클레스를 '에라클레스'로 발음한다. 'h'는 묵음이다.

세우타 말고도 모로코 땅에는 멜리야Melilla라는 스페인의 비지가 하나 더 있다. 멜리야도 지정학적으로 무척 중요한 곳에 있다. 스페인이 영국으로부터 지브롤터의 반환을 요구하듯이 모로코는 스페인에 세우타와 멜리야의 반환을 요구하고 있다.

이제까지 세우타에 관해서 이야기해봤다. 처음에는 새우탕면처럼 얼큰한 맛을 기대했는데 온갖 재료가 뒤섞인 잡탕면을 먹은 느낌이다. 대륙이 교차하고 해양이 연결된 문명의 십자로여서 그런 풍미가 발현됐을 것이다. 매운맛이든 섞인 맛이 든 맛나게 즐겨보자. 배고프면 여행도 잘 안되는 법이니까!

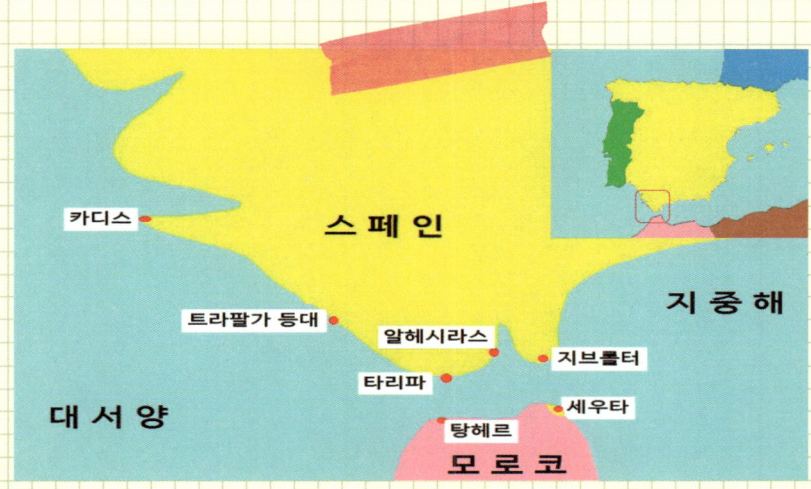

세우타 지도

02 스페인 땅에 있는 영국령, 지브롤터
돌산의 기운을 받은 천하장사 헤라클레스!

지브롤터 암벽

'지브롤터 VS 세우타.'

둘 중 어느 곳이 더 익숙한가? 당연히 지브롤터일 것이다. 지브롤터해협이란 지명이 워낙 유명하니까. 이에 비해 세우타는 새우탕과 발음만 비슷하지 처음 접하는 분들이 대부분일 것이다. 그런 면에서 세우타보다는 지브롤터를 앞세우는 것이 맞다. 하지만 이 책의 이름이 '재미난 스페인' 아닌가? 아무리 인지도가 하늘과 땅 차이라고 하더라도, 스페인 땅이 아닌 지브롤터를 앞쪽에 배치할 수가 없었다.

세우타가 모로코 땅에 있는 스페인령 비지라면, 지브롤터는 스페인 땅에 있는 영국령 비지이다. 지브롤터는 우뚝 솟아 있는 암벽이 인상적인데 이를 두고 헤라클레스의 기둥이라고 칭한다. '자발 타리크'라고도 불렸는데 이는 '타리크의 산'이라는 뜻으로 지브롤터의 어원이 됐다.

지브롤터에서 건너편 아프리카까지는 채 20km도 되지 않는다. 해협의 좁은 곳은 15km에 불과할 정도다. 폭이 협소한 지브롤터해협을 두고 북쪽으로는 지브롤터, 남쪽으로는 세우타가 자리 잡고 있다. 이런 지정학적인 중요성 때문에 고대 시대부터 이곳을 차지하기 위해서 치열한 쟁탈전이 벌어졌다.

넬슨 제독 동상
넬슨 제독이 이끄는 영국함대가 트라팔가 해협에서 스페인-프랑스 연합함대를 패퇴시킨다. 이때가 1805년이었다. 트라팔가 해협은 지브롤터에서 북서쪽으로 약 70km 정도 떨어진 곳에 위치해 있다.

지브롤터 등대
지브롤터 최남단에 위치한 등대.
유로파 포인트 등대(Europa point lighthouse)라는 명칭을 가지고 있다.

스페인 왕위 계승 전쟁과 지브롤터

1700년, 스페인 왕 카를로스 2세^{Carlos II}(재위 1665~1700)가 사망한다. 그는 네 살에 왕으로 등극했는데, 어려서부터 병약했고 왕위를 이을 자식도 없었다. 카를로스 2세는 프랑스 루이 14세의 손자인 앙주공 펠리페에게 왕위를 물려준다는 유언을 남겼다.

루이 14세는 카를로스 2세의 매형이었다. 유명한 펠리페 2세를 포함한 16~17세기 스페인 왕들은 합스부르크 혈통이었지만 이제 부르봉 왕가로 왕위가 넘어갈 판이었다. 프랑스를 유럽의 강대국으로 만든 태양왕 루이 14세! 루이 14세의 혈통이 스페인도 통치할 기세였다.

그러나 당시 오스트리아 레오폴트 황제의 아들인 카를 대공이 왕위 계승권을 요구했다. 레오폴트 황제도 역시 카를로스 2세의 매형이었다. 정리하자면 카를로스 2세의 첫 번째 누이는 루이 14세, 두 번째 누이는 레오폴트 황제에게 시집을 간 것이다. 어쨌든 프랑스가 더욱더 강성해지는 걸 두려워한 유럽의 주요국들은 전쟁을 벌이게 된다. 이를 두고 '스페인 왕위 계승 전쟁'이라고 부르는데 1701년부터 1714년까지 이어졌다.

스페인 왕위 계승 전쟁에서 영국은 어느 편에 섰을까? 스페인-프랑스 연합의 반대편에 섰다. 전쟁이 한창 진행 중이던 1704년 영국이 지브롤터를 점령했다. 유럽을 뒤흔든 전쟁은 1714년, 위트레흐트 조약으로 인해 일단락됐다. 하지만 스페인은 영토 일부를 빼앗기게 된다.

왕위는 어떻게 됐을까? 루이 14세의 손자 앙주공이 스페인 왕 펠리페 5세가 됐다. 대신 프랑스 왕을 겸임할 수 없다는 조건이 걸렸다. 루이 14세가 간절히 원했던 프랑스와 스페인이 결합하는 연합왕국은 탄생할 수가 없게 된 것이다. 어쨌든 이때부터 스페인 왕실은 부르봉 왕가가 된다.

가까이에서 바라다보니 지브롤터 암벽은 삼각뿔 형태로 암반면이 노출되어 있었다. 그 모습을 보고 있자니 인왕산 역사트레킹이 생각났다.

"인왕산 정상을 보세요. 인왕산 정상을 치마바위라고 하죠. 암반면이 잘 노출됐죠? 에너지 넘치는 돌산의 기운이 느껴질 겁니다!"

강의에 집중시키기 위해 저런 이야기를 했었는데 오히려 더 떠들썩해졌던 기억이 난다. 어쨌든 돌산의 강한 기운 때문인가? 이곳 지브롤터는 세우타와 함께 헤라클레스^{Heracles}가 괴력을 발휘했던 곳이다.

지브롤터와 세우타, 그리고 헤라클레스

힘의 상징인 헤라클레스는 서양에서는 허큘리스라고도 불린다. 그는 제우스가 바람을 피워서 낳은 아들이라 태어날 때부터 제우스의 정실부인인 헤라의 시기를 받았다. 헤라의 저주는 헤라클레스가 성인이 된 이후에도 계속됐는데 급기야는 그가 광기에 휩싸이도록 만들었다. 미쳐버린 헤라클레스는 자신의 손으로 부인과 아이들을 죽이고 만다.

처자식을 죽인 죄를 씻기 위해서 그는 열두 가지 과업을 이행해야 했다. 그중 하나가 서쪽 바다에 있는 에리페리아라는 섬에 가서 게리온의 소를 빼앗아 오는 것이었다. 게리온은 머리가 3개, 몸통도 3개인 무시무시한 괴물이었다. 아무리 천하장사라고 하지만 만만치 않은 상대와 싸워야 했다. 더군다나 게리온이 사는 에리페리아는 가기도 험난했다. 가는 길목에 험준한 아틀라스산맥이 가로막고 있는 것이 아닌가!

여기서 헤라클레스의 괴력이 발휘된다. 아틀라스산맥의 산줄기를 지워버린 것이다. 이때 바다를 막고 있던 산맥이 둘로 갈라지면서 새로운 바닷길이 열린다. 그 바다가 대서양과 지중해를 연결하는 지브롤터해협이었다. 둘로 갈라진 산 기둥은 하나가 유럽쪽 지브롤터이고, 또 하나가

지브롤터 헤라클레스 기둥상
기대에 못 미쳤다.

지브롤터 원숭이
케이블카를 타고 전망대에 가면 원숭이들이 반겨(?)준다. 간식 도둑들이다.

02 스페인 땅에 있는 영국령, 지브롤터　41

아프리카 쪽 세우타이다. 그 두 기둥은 스페인 국기에도 그려져 있다.

헤라클레스는 게리온을 때려잡았고, 그의 소를 끌고 갔다. 이후 나머지 과업들도 잘 마무리했는데 죽어서는 승천하여 올림포스의 신이 된다. 한편 그리스 신화를 통해 옛 그리스인의 지리적 세계관을 유추해볼 수 있다. 그들은 서쪽으로는 아틀라스산맥, 동으로는 캅카스산맥까지를 인식 범위로 두고 있었다. 캅카스산맥은 코카서스 지방에 있는데 그곳에는 프로메테우스가 있다고 전해진다. 프로메테우스는 인간에게 불을 전해줘 제우스의 미움을 사, 벌로 독수리에 의해 간을 쪼이는 형벌을 받게 된다. 나중에 헤라클레스가 그 독수리를 때려잡아 프로메테우스를 자유롭게 해 준다.

아틀라스산맥에는 아틀라스가 우주를 떠받드는 형벌을 받고 있었다. 헤라클레스의 과업 중에 아틀라스의 딸들이 지키는 황금사과를 얻어 오라는 과제가 있었다. 이에 아틀라스는 우주를 떠받드는 일을 잠시 헤라클레스에게 맡기고 황금사과를 얻어온다.

신화적 상상력을 뛰어넘는 먹방적(?) 상상력

케이블카를 타고 지브롤터 암벽 정상부에 올라섰다. 푸른빛의 지중해가 눈부시게 빛나고 있었다. 찬찬히 주위를 둘러보는데 왜 이곳이 전략적 요충지인지 알 수 있었다. 바다 건너 북아프리카 모로코가 보였다. 스페인령 세우타도 보였다.

모로코가 세우타의 반환을 요구하듯이 스페인도 지브롤터의 반환을 요구한다. 프랑코 정권 시절인 1969년에는 경제적 고립을 노리고 국경을 봉쇄하기도 했다. 하지만 영국은 주민들이 동의하지 않는다는 이유로 반환을 거부하고 있다. 실제로 2002년에 실시된 주민투표에서 영국령 잔류에 대한 비율이 98%가 나왔다. 지브롤터 주민들은 스페인의 정치적

혼란, 경제적 불확실성을 이유로 들어 잔류에 표를 던진 것이다.

    수면 아래 가라앉아있던 지브롤터 갈등이 2016년에 다시 떠올랐다. 영국의 유럽연합^{EU} 탈퇴, 즉 브렉시트로 다시 부상했다. 지브롤터 주민들은 본국과는 달리 95%가 유럽연합 잔류를 희망했기 때문이다. 이에 스페인 정부는 공동주권을 주장하며 'EU 잔류'를 회유책으로 제시했다. 영국 정부는 당연히 반발했고 일각에서는 '전쟁 불사'의 목소리도 터져 나왔다.

    스페인 땅에 있는 영국령 지브롤터에서 모로코 땅에 있는 스페인령 세우타를 보고 있자니 묘한 감정이 든다. 자신의 기둥이 박힌 두 도시가 모두 영유권 분쟁에 휩싸여 있다니! 헤라클레스는 어떤 느낌이 들까? 이건 신화적 상상력으로는 풀어낼 수 없는 일일 것이다.

    답사를 열심히 했더니 배가 고팠다. 지브롤터 암벽이 삼각김밥처럼 보였다. 신화적 상상력을 뛰어넘는 먹방적(?) 상상력이 만개하는 순간이었다.

지브롤터 공항

지브롤터에는 공항도 있다. 지브롤터 암벽을 옆에 두고 비행기가 이착륙을 하는 모습이 무척 이색적이다. 한편 지브롤터 공항 활주로 가운데에는 '윈스톤처칠로'가 놓여 있다. 워낙 영토가 작아서 일반도로와 공항 활주로를 공유하고 있는 것이다. 그래서 비행기가 이착륙을 할 때는 빨간 신호등이 들어오고, 자동차와 보행자는 비행기가 지나갈 때까지 하염없이 기다리는 진풍경이 연출됐다. 하지만 이제 그런 재미난 광경은 옛날 일이 돼버렸다. 2023년 3월 31일, 킹스웨이 터널이 개통됐기 때문이다. 착공한 지 15년 만에 완성된 킹스웨이 터널 덕분에 공항 활주로를 통과하지 않고도 시내 중심부로 직접 갈 수 있게 됐다.

Gibraltar-Plane versus cars
사진: wikimedia commons

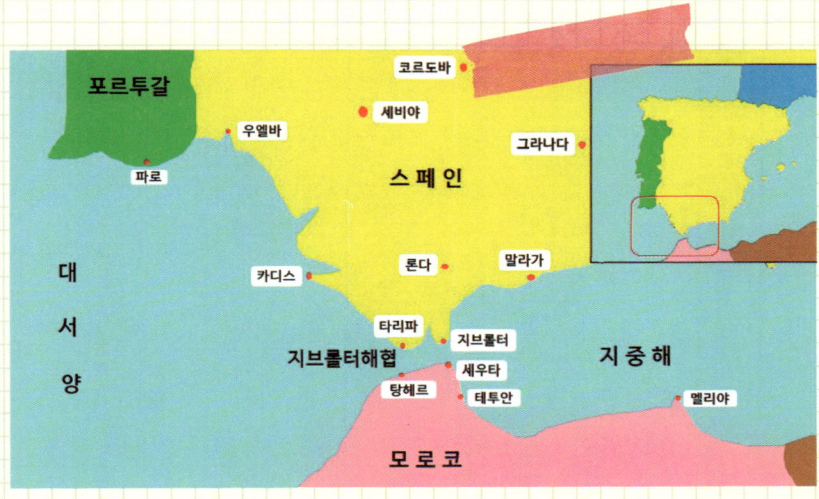

지브롤터 지도
지브롤터와 지브롤터해협 일대 지도

03 스페인 남쪽 땅끝은 해적들의 소굴
스페인에 해적이 나타났다

타리파성
해안가 방면의 모습. 왼쪽 상단에 또 다른 성이 하나 있다.
산타카탈리나성이다.

"당연한 말인데요, 서울에도 좌청룡, 우백호, 남주작, 북현무가 있어요. 우백호는 인왕산이고, 좌청룡은 낙산입니다. 낙산공원으로 유명한 그 낙산이에요. 남주작은 관악산이고, 북현무는 북한산입니다. 좌청룡 우백호가 서울 안쪽에 있다면, 남주작 북현무는 외곽에 자리 잡고 있는 셈이죠. 그렇게 각각의 방위를 지키는 네 마리 동물을 사신수라고 부릅니다."

'역사트레킹 서울학개론' 강의를 할 때 종종 저런 설명을 했었다. 서울의 공간적인 면을 알기 위해서는 서울의 동서남북을 파악하는 것이 중요하다고 판단했기 때문이다. 사신수와 함께 언급하면 흥미를 유발할 수 있지 않을까 하는 생각도 들었다. 학습효과는? 그게 참 쉽지 않다. 필자가 열심히 지도를 그리는 이유가 있다.

남부 안달루시아 지방에 있는 타리파^{Tarifa}에 갔다. 이곳이 스페인의 남쪽 땅끝마을이다. 예전에 산티아고 순례길을 걸은 후, 피스테라^{Fisterra}를 방문했다. 그곳은 스페인의 서쪽 땅끝마을이었다. 여차여차해서 스페인의 남쪽과 서쪽의 땅끝마을을 탐방하게 됐다. 기왕 이렇게 된 거 스페인의 동서남북을 땅끝에 초점을 맞춰서 알아보았다. 사신수는 없

03 스페인 남쪽 땅끝은 해적들의 소굴

어도 땅끝마을은 존재하니까.

스페인의 동서남북 땅끝마을들

일단 피스테라부터 좀 더 살펴보자. 스페인 산티아고 순례길을 다녀온 분들은 피스테라에 대해서 잘 아실 것이다. 피스테라는 스페인의 서쪽 땅끝으로 순례길의 종착지인 산티아고 데 콤포스텔라Santiago de Compostela에서 서쪽으로 약 90km 정도 떨어져 있다. 북쪽 땅끝은 바레스Bares로 피스테라에서 북동쪽으로 약 200km 정도 떨어져 있는 곳에 있다. 비교적 거리가 가까운 바레스와 피스테라는 둘 다 갈리시아 지방에 속한다. 동쪽 땅끝은 크레우스Creus라는 곳이다. 정확히는 크레우스Cap de Creus곶인데 바르셀로나에서 북동쪽으로 약 160km 정도 떨어져 있다.

여기서 용어 정리를 해보자. 바다 쪽으로 땅이 많이 튀어나온 지형을 두 가지로 나눠서 부른다. 크게 튀어나오면 '반도'가 되고, 작으면 '곶(串)'이 된다. 포항의 호미곶을 생각하면 된다. 북한 쪽에는 백령도와 마주하고 있는 장산곶이 유명하다. 곶은 영어로는 케이프cape로 쓴다. 남아프리카 공화국의 케이프타운cape town은 직역하면 '곶마을'이 될 거다. 스페인어와 포르투갈어에서는 카보cabo로 쓰는데 바르셀로나가 속해 있는 카탈루냐에서는 캅cap으로 적는다.

다시 스페인 남쪽 땅끝마을인 타리파 이야기다. 타리파는 스페인 남부 안달루시아 지방의 카디스주(州)에 속해 있는 도시다. 앞으로 지브롤터해협이 펼쳐져 있고, 그 건너로 북아프리카 모로코 땅이 보이는 곳이다. 지브롤터에서 봤던 풍광하고는 또 다른 모습이었다. 좀 과장해서 말하자면, 북아프리카가 손에 잡힐 정도로 가깝게 보였다.

한편 타리파라는 지명은 711년 이베리아반도를 침공한 무어인 장군인

타리파항
방파제가 있는 곳이 타리파 항이다. 그 뒤로는 타리파섬이 보인다.

유럽의 최남단
타리파는 스페인의 땅끝이자 유럽의 최남단이기도 하다. 더 가고 싶어도 더 나아갈 수가 없다.

타리크 이븐 말릭Tarif ibn Malik의 명칭에서 나온 것이다. 무어인이 북아프리카를 떠나, 가장 먼저 도달한 곳에 타리크 장군의 이름을 따서 명칭을 붙인 것이다. 무어인의 지배를 가장 오랫동안 받은 안달루시아 지방은 곳곳에 무어인의 흔적들이 남아 있다.

읍참마속보다 더 심했다! 구즈만 엘 부에노의 단검

타리파에는 구즈만 엘 부에노Castillo de Guzman el Bueno라고도 불리는 타리파성이 있다. 스페인어로 성을 카스티요Castillo라고 부른다. 워낙 스페인에 성이 많으니 앞으로도 '카스티요'에 대한 언급이 많을 것이다. 타리파가 스페인의 땅끝인 만큼 타리파성은 스페인의 가장 최남단에 있는 성이다. 더불어 유럽에서 가장 남쪽에 자리 잡은 성이기도 하다. 북아프리카 모로코까지는 직선거리로 약 15km 정도에 불과할 정도다.

타리파성은 960년에 무어인에 의해 만들어졌다. 문명에 십자로상에 놓여 있다 보니 타피라성은 지정학적으로 역사의 현장이 될 수밖에 없는 곳이었다. 앞서 언급한 구즈만 엘 부에노도 그런 역사의 현장에 서 있는 인물이었다.

구즈만 엘 부에노상
단검을 들고 있다.

카스티야는 중세에 있던, 가톨릭 왕국 중의 하나였다. 1294년, 카스티야 왕국의 왕위 계승에 불만을 품은 이들이 반란을 일으킨다. 그들은 무어인까지 끌어들여 왕위를 쟁취하려고 했다. 레콘키스타, 즉 국토회복전쟁이 무색할 정도였다. 이때 구즈만 엘 부에노가 지키고 있던 타리파성이 격전지가 됐는데 반란군은 성을 포위하며 항복을 요구했다. 운명의 장난

인지 반란군은 구즈만의 아들을 포로로 잡고 있었고, 성을 포기하지 않으면 아들을 죽인다고 협박했다. 이에 구즈만은 반란군 측에 단검을 던지며, 그 단검으로 아들을 죽이라고 말했다. 아들이 아닌 국가를 선택한 것이다. 읍참마속보다도 더한 일이지 않은가? 만약 여러분들이 그런 상황에 직면한다면 어떤 판단을 하실 텐가?

타리파성에 올라가면 타리파항이 바로 앞에 보인다. 타리파항에서는 모로코에 있는 탕헤르로 향하는 여객선을 탈 수 있다. 타리파항 너머로는 흰 등대가 우뚝 서 있는 타리파섬이 보이는데 육지와 워낙 가까워 이곳은 다리로 연결되어 있다. 타리파섬은 이베리안반도의 최남단이자 유럽의 최남단이기도 한다. 여러모로 의미가 큰 섬이지만 필자가 갔을 때는 쇠사슬로 문이 잠겨있었다. 알고 보니 몇 년째 문이 잠겨 있다고 했다.

해적들은 사라지고, 그 자리를 서핑족들이

한때 타리파섬은 해적들의 소굴이었다. 비좁은 지브롤터해협은 지정학적으로 중요한 만큼 해적질하기에도 안성맞춤이었다. 유럽 각국이 아메리카 대륙에서 약탈한 보물이 캐리비언 해적들의 좋은 먹잇감이었다면 타리파섬의 해적들은 통행세를 챙겼다. 어차피 길목을 차단하면 두고두고 보호비(?)를 뜯어낼 수 있었다.

이와 관련하여 캐나다 출신 역사학자 데이비드 데이David Day는 책 『Smugglers and Sailors: The Customs History of Australia 1788~1901(밀수업자와 선원: 호주의 관세 역사 1788~1901)』에서 관세tariff의 어원이 타리파섬의 해적행위에서 기원한다고 언급했다. 15세기 이후 아메리카 및 인도로 가는 신항로가 개척되자 지중해 무역은 쇠퇴하기 시작한다. 이에 따라 유럽 각국은 아메리카 대륙으로 힘의 무게를 쏟게 된다. 지브롤터 인근 해역에 힘의 공백이 생긴 것이다. 해적들이 쾌재를 부를 일이었다.

해적들이 물러간 타리파는 현재 서핑족의 천국이 되었다. 여름이면 유럽 각지에서 몰려온 서핑족들로 물 반, 서핑족 반이 될 정도로 인산인해를 이룬다. 로스란세스^{Los Lances} 해변이 그 중심인데 겨울에도 파도를 타는 서핑족들을 심심치 않게 볼 수 있었다. 그런데 솔직히 좀 추워 보이기는 했다.

수영복도 없고 해서 그냥 모래사장을 걸었다. 대서양에서 불어오는 바람이 온몸을 휘감고 있었다. 무언가가 씻겨가는 느낌이었다. 이런 바람을 해남 땅끝탑에서도 맞은 적이 있었는데 바람을 맞으며 무언가 다짐을 했었다. 그 다짐들은 잘 이루어졌을까?

타리파섬
흰색 등대가 보이는 곳이 타리파섬이다. 그 앞으로 타리파항이 있다. 모로코에서 출항한 배가 입항하고 있다.

타리파지도
타리파와 그 주변 지역. 한편 파란색으로 표시한 타리파, 피스테라, 바레스, 크레우스는 스페인 본토에 있는 땅끝마을들이다.

04 세고비아 수도교를 보면 리듬감이 산다
돌기둥이 빚어낸 절대음감!

수도교

　스페인에 대해서 잘 모를 때였다. 당연히 스페인도 방문해 본 적이 없을 때였다. 그렇게 미디어를 통해서만 스페인을 들여다보고 있을 때, 필자의 눈을 확 사로잡는 장소가 있었다. 정확히는 건축물이었다. 바로 세고비아의 수도교였다. 저 수도교를 꼭 보겠다고 다짐했고, 결국에는 그 수도교를 친견했다. 거기에 더해 수도교 앞 숙소에서 1박하기도 했다.

　평생 그곳을 가보지는 않았지만, 이름만 들어도 친숙한 도시들이 있을 것이다. 영화 《카사블랑카》로 유명해진 모로코의 카사블랑카, 희망봉이라고 불리는 남아프리카공화국의 케이프타운 등등. 필자에게도 그런 도시가 있었다. 이번에 소개할 세고비아 Segovia가 바로 그곳이다.

　세고비아와 안드레 세고비아와의 관계는?

　예전에 통기타가 하나 있었다. 지인한테 물려받은 것인데 아무리 조율해도 돌 긁어대는 소리가 났던 그런 통기타였다. 그래도 열심히 튕겼던 것으로 기억한다. 음유시인까지는 못 되더라도 좋아하는 후배 앞에서

04 세고비아 수도교를 보면 리듬감이 산다　61

폼 좀 잡아볼 생각이었다. 그때 튕기던 기타가 바로 '세고비아 기타'였다. 그런 기억 때문에 세고비아는 전혀 낯선 도시가 아니었다.

세고비아 기타는 유명 기타리스트인 안드레스 세고비아$^{Andres\ Segovia}$의 이름을 따서 상품명으로 삼았다. 안드레스 세고비아는 다른 악기용으로 작곡된 음악을 기타 연주에 적합하게 편곡하는 등 현대 기타 연주의 대가로 칭송받는 인물이다. 안드레스 덕택에 세고비아 기타가 명성을 얻게 됐고, 그 상품명 덕분에 세고비아라는 도시가 우리 귀에 익숙해진 것이다. 그런 이유로 세고비아에 가면 안드레아와 관련된 기타 박물관 같은 게 있을 줄 알았다. 결론적으로 말하면 도시 세고비아와 안드레 세고비아와는 별 관계가 없다. 그는 스페인 남부 안달루시아 출신이고 데뷔도 안달루시아에서 했다. 그냥 그의 이름에 '세고비아'라는 도시 이름이 들어간 것뿐이다. 『강철군화』의 저자 잭 런던처럼 그냥 사람 이름에 도시명이 포함된 것이다.

수도교^{aqueduct}를 품고 있는 세고비아는 마드리드에서 북쪽으로 약 60km 정도 떨어져 있다. 그래서 톨레도^{Toledo}와 함께 마드리드 근교 여행지로 많은 이가 방문하고 있다.

처음 세고비아를 방문했을 때였다. 버스를 잘못 타서 밤늦게 터미널에 내렸다. 그냥 숙소를 잡으러 갈까 하다가 바로 수도교로 향했다. 야경이 궁금했기 때문이다.

'와! 정말 환상적이네!'

수많은 아치로 이루어진 수도교의 장엄함이 화려한 조명을 받아 그 위용을 더하고 있었다. 미디어에서나 보던 로마 시대 때의 수도교를, 그것도 조명에 휩싸인 모습을 보고 있자니 감탄사가 절로 나왔다. 필자의 눈을 확 사로잡는 광경이었다. 그런 장면에 매혹됐는지 상상력이 피어올랐다. 수도교의 아치에 리듬을 입혀본 것이다. 기둥을 타고 오르는 선율이 아치에서 곡선을 그린 후, 위층으로 올라가 3단 고음으로 울려 퍼지는… 그런 모습….

세고비아에 세고비아가 없다지만 필자에게는 수도교가 '절대음감'처럼 보였다. 시각의 청각화를 통한 음악 연상하기! 딱딱한 돌기둥을 보며 리듬감을 상상한 필자의 상상력이 과한 것일까? 돌기둥 같은 돌아이?

로마인들의 기술력이 집약된 거대한 수도교

- 기둥: 120개
- 아치: 167개
- 관로: 25×30×30cm
- 총길이: 16,220m
- 최고높이: 28.10m
- 교량구간: 728m

수도교 야경

수도교는 로마 시대인, 기원후 1~2세기에 만들어진 건축물이다. 당시 이베리아반도는 로마의 식민지였다. 로마인들은 곳곳에 식민도시를 세웠는데 세고비아도 그중 하나였다. 정착지는 세워졌지만, 문제가 하나 있었다.

　세고비아는 넓은 평원에 자리 잡은 터라 대규모로 용수를 공급할 수 있는 수원지와 거리가 멀었다. 수도교는 그런 고민의 산물이었다. 로마인은 외곽에 있는 프리오강Rio Frio에서부터 중심부까지 수로(水路)를 만들기 시작했다. 그렇게 하여 무려 16km에 달하는 수로가 만들어졌다.

　수도교는 그 수로의 교량구간이다. 즉 16km 송수관 중 728m 정도가 아치형 다리 위에 자리 잡고 있다는 뜻이다. 그렇다면 로마인들은 왜 수도교라는 교량을 만들었을까 하는 의문이 생긴다. 그냥 수로를 만드는 것도 쉬운 일이 아니었을 텐데 하물며 시멘트도 없던 시대에 그런 거대한 구조물을 축조한다는 건 엄청난 공사였기 때문이다.

　수도교를 잘 즐길 수 있는 곳은 아소구에호Plaza del Azoguejo 광장인데 그곳을 중심으로 양옆 쪽을 보면 왜 로마인들이 거대한 아치형 교각을 세웠는지 알 수 있다. 양옆의 언덕으로 인해 광장은 협곡 형태를 띠고 있다. 이제껏 수로를 타고 온 물이 협곡으로 떨어지면 말짱 도루묵이 되고 말 것이다. 협곡을 넘어 이 언덕에서 저 언덕으로 인위적인 구조물을 연결하여 최종 목적지까지 물을 도달시켜야 한다는 뜻이다. 양편을 이으려고 하니 거대한 구조물이 나타났고, 교량 형식이니 아치가 놓였다. 또한 협곡의 높이가 있으니 복층까지 올려졌다. 그렇게 해서 세고비아의 수도교가 탄생했다. 그 가치를 높이 사 1985년에 유네스코 세계문화유산에 등재되기에 이른다.

악마가 만든 수도교?

옛날 옛적에 이 거대한 교량은 악마의 구조물이라는 의심을 받기도 했다. 접착제도 없이 큰 돌조각들이 무지개를 그리며 놓여 있으니, 눈앞에서 보고도 그런 의심을 하고 있었던 것이다. 그와 관련해서 전설이 하나 있다.

매일같이 물 주전자를 들고 비탈진 길을 오르내려야 했던 소녀 한 명 있었다. 일이 고된 나머지 소녀는 새벽닭이 울기 전까지 자신의 집까지 물길을 내주겠다는 악마의 달콤한 유혹에 넘어갔고, 자신의 영혼을 악마에게 팔기에 이른다. 자신이 무슨 짓을 했는지 깨달은 소녀는 비극적인 상황을 모면할 수 있게 열렬히 기도한다. 그동안 악마는 수로 공사를 하고 있었는데 태풍이 발생하여 일에 차질이 생기게 된다. 그러다 갑자기 새벽닭이 울었는데, 그때 악마는 돌조각 하나만을 세우지 못한 채 건축물을 다 완성한 상태였다. 돌조각 하나 때문에 거래는 무산됐지만, 수도교는 온전히 그 자리에 생성됐고 소녀의 영혼도 빼앗기지 않게 됐다. 소녀는 마법 같았던 지난밤의 일을 세고비아 시민들에게 실토했고, 이에 사람들은 아치를 통과한 물은 유황 성분이 제거된 성수라고 여기며 새로운 건축물을 기쁘게 받아들이기에 이른다.

전설에도 내포되어 있듯이 옛날 사람들 처지에서는 거대한 수도교가 경이로운 존재였을지 모른다. 도저히 사람의 힘으로는 축조될 수 없다고 여겨지는 수도교가 자신들의 식수를 공급해주고 있으니, 그 존립 자체를 인간 영역 밖에서 끌어오고자 했던 거 같다. 그래서 그들은 수도교를 두고 거대한 '마법 덩어리'라고 생각했다. 세고비아 시민들은 19세기 중반까지 그 '마법 덩어리'에서 물을 공급받았다.

수로
정수장 인근에서 찍었다. 교량 구간이 끝나면 수로가 지면과 가까이에 위치하게 된다.

수도교 정수장

정수장 시설까지!

세고비아는 수도교를 중심으로 안쪽은 구시가지, 밖은 신시가지로 분류된다. 수로의 지상 구간은 신시가지 쪽에 있다. 한 10분 정도를 걷다 보니 정수장과 함께 드디어 지상 구간이 나왔다. 전설에 유황이 제거됐다고 언급됐듯이 정수장도 수도교와 함께 들어선 것으로 보인다. 정수는 이물질을 침전하는 방식으로 행해졌다. 정수장에는 심도가 깊은 물탱크를 만들었는데 그 물탱크에 모래나 황 같은 불순물들을 침전시키고, 깨끗한 윗물만 빠져나가는 식으로 정수 시스템을 만들었다. 간단한 구조였지만 그들의 지혜가 놀라울 따름이었다.

지상 구간의 수로는 말 그대로 수로였다. 화강암을 깎아내고 그 위에 25×30×30cm 규격의 홈을 파내 관로로 삼은 것이다. 수도교의 맨 윗부분도 그렇게 관로가 놓여 있다. 고대 로마인의 건축기술에 다시 한번 감탄했던 대목이었다.

지상 구간을 탐방하다 길을 잃고 말았다. 궁금했던 것들이 풀려나가는 재미에 빠져 있다 보니 길을 잘못 든 것이다. 덕분에 세고비아의 신시가지를 갈짓자(之)로 마구마구 돌아다녔다. 그렇게 다니다 보니 수로가 시작되는 산을 더 가까이에서 바라볼 수 있었다. 눈이 왔는지 산봉우리에는 눈이 쌓여 있었다. 정말 아름다운 광경이었다.

전날에는 수도교에 상상력을 더했다면, 그날은 수도교를 더 면밀하게 탐구한 날이 됐다. 문화유적 앞에서 멋지게 사진을 찍는 것도 좋지만 그것에 상상력도 더해 보고, 더 꼼꼼히 관찰하는 것도 하나의 재미일 것이다.

세고비아 지도

05 산티아고 순례길에서 찾은 평화!
산티아고 순례길에 한국인들이 많은 이유?

순례길의 종착점인 산티아고 대성당

"왜 순례길에 한국인들이 이렇게 많죠?"

처음 산티아고 순례길을 걸었을 때다. 순례길의 종착점인 산티아고 데 콤포스텔라Santiago de Compostela의 외곽에 있는 산티아고 공항 부근을 걷고 있었다. 미국 알래스카에서 온 미국인 순례객 부부에게 따뜻한 차 한잔을 얻어 마셨다. 나이가 지긋하신 남편분이 보온병에서 차를 따르며 저렇게 물으셨다. 답을 좀 망설였다. 솔직히 필자 스스로도 궁금했기 때문이다. 도대체 한국 사람들은 여기를 왜 오는 거지? 이렇게 생각하고 있는 나는 또 뭐야?

"한국은 스트레스 사회입니다. 그래서 힐링이 필요합니다. 산티아고 순례길을 걸으며 힐링을 합니다."

어설픈 영어 실력으로 더듬더듬 이야기했는데 다행히 필자의 말을 알아들었는지 고개를 끄떡이셨다. 이후로도 스페인을 여러 번 갔는데 갈 때마다 순례길을 걸었고, 그런 필자를 붙잡고 외국인들은 또 비슷한 질

순례길 표식
Buen Camino(부엔 카미노)는 '좋은 길'이라는 뜻으로 순례길에서 가장 많이 오가는 인사말이다. 순례자들은 '부엔 카미노'를 외치며 서로를 격려한다.

순례길 누렁이
순례길의 표식인 조가비를 달고 있는 누렁이. 순한 녀석이었다.

문을 했다. 왜 순례길을 걷는 한국 사람들이 많냐고?

그들이 보기에 필자는 전형적인(?) 한국인이 아닌 것처럼 보였던 모양이다. 딱 봐도 엄청 무거운 배낭을 메고, 단독으로 움직이며, 외국인들과도 스스럼없이 인사하는 모습이 여타 한국인들과는 다른 모습처럼 보였던 모양이다. 그래서 답을 해 줄 수 있다고 생각했던 것 같다.

산티아고 순례길의 기원

사실 저런 물음들 속에는 순례길을 걷는 한국인들을 좀 언짢게 생각하는 의도가 숨어있다. 어떤 유럽 순례자는 필자에게 '한국인들이 꺼려진다'는 말을 직접 건네기도 했었다. 도대체 산티아고 순례길이 무엇이기에 이런 이야기들이 오가는 것인가? 왜 일부 한국인 순례자들은 그 먼 스페인 땅까지 가서 회피의 대상이 되는가?

아는 분들은 아시겠지만 처음 접하는 분들도 있을 테니 산티아고 순례길의 이력에 대해서 잠시 알아보자. 산티아고 순례길은 성 야고보의 무덤이 있다고 전해지는 산티아고 데 콤포스텔라Santiago de Compostela로 향하는 길을 말한다. 산티아고Santiago는 스페인어로 야고보를 뜻하는데 예수의 12제자 중의 한 명이었다. 야고보는 현재의 스페인(에스파냐)과 포르투갈이 자리 잡은 이베리아반도에 복음을 전파했다고 전해진다.

고향으로 돌아온 야고보는 헤롯 아그리파 1세에 의해 참수를 당하게 됐다. 12제자 중 첫 순교자가 야고보였다. 야고보에게도 제자가 있었는데 그들은 스승의 시신을 돌로 만든 배에 실어 이베리아반도로 향했다. 배 자체가 돌로 만든 관이라고 할 수 있겠다. 그렇게 이베리아반도로 온 야고보의 유해는 9세기 초반에 발견되고, 그곳에 성당이 들어서니 그 성당이 바로 산티아고 콤포스텔라 대성당이다.

이후 교황 알렉산더 3세는 산티아고 콤포스텔라를 로마, 예루살렘과 함께 3대 성지로 선포한다. 이에 유럽 각국의 순례자들이 프랑스 땅을 거쳐 산티아고 콤포스텔라로 향했다. 초반 순례길이 번성했던 시기는 11~15세기였는데 당시 이베리아반도에서는 국토회복운동이 진행 중이었다. 이베리아반도 내에 있던 그리스도교 국가들은 이슬람 무어인과 전쟁을 벌이고 있었다. 전쟁으로 다른 유럽 국가들과 인적 교류가 끊길 수 있었음에도 순례길 덕분에 명맥이 이어졌다.

그러다 16세기에 불어닥친 종교전쟁 이후로 쇠퇴하고 만다. 약 400년간 조용했던 순례길이 다시 주목을 받은 건 1982년이었다. 교황 요한 바오로 2세가 교황 신분으로는 처음으로 산티아고 데 콤포스텔라를 방문했기 때문이다. 또한 5년 후인, 1987년에 출간된 파울로 코엘료의 『순례자』라는 책이 큰 인기를 끌면서 순례길은 더욱더 주목을 받게 된다.

스페인 정국의 변화 요인도 한몫했을 것이다. 1975년에 독재자인 프랑코가 사망하고, 이후 스페인은 민주화 과정에 놓인다. 히틀러와 협력하여 참혹했던 스페인 내전을 일으킨 프랑코가 아닌가? 그런 프랑코 정권 아래에서는 순례길을 걷기가 쉽지 않았을 것이다. 이후 1980년, 일부 정치군인들이 구체제 회귀를 목표로 쿠데타를 일으키지만 신속하게 진압되고 만다. 그렇게 정치적인 위험 요인들이 제거됐기에 평화롭게 순례길을 걸을 수 있게 된 것이다.

한국인들이 꺼려진다?

이렇게 많은 이들의 발걸음을 모았던 순례길은 1993년에 '산티아고 데 콤포스텔라 순례길'이라는 이름으로 유네스코 세계문화유산으로 지정된다. 세계문화유산으로 등재된 길은 프랑스길이다. 프랑스 남부에 있는 생장피에드포드Saint-Jean-Pied-de-Port에서 산티아고 데 콤포스텔라

낭만 배낭
배낭은 무거웠고, 혼자였지만 씩씩하게 잘 걸었다. 마음의 평안을 깨달은 후 찍은 사진이다.

산티아고 순례길
순례길의 팜플로나 대평원 구간.

까지 약 800km를 걷는 길이다. 프랑스길 이외에도 북쪽길, 포르투갈길, 은의 길 등등 여러 순례길이 있는데, 이들 모두 산티아고 데 콤포스텔라가 종착점이다.

"한국인들은 영어를 잘하지 못하고, 부끄러움이 많아서 그렇습니다."

스위스에서 온 처자가 한국인 순례객들은 왜 다른 나라 사람들과 어울리지 않냐는 물음을 해서 저렇게 답을 해줬다. 필자도 한국인이라 한국인에 대한 변호를 자임했다. 한마디로 한국인들이 꺼려진다는 뜻일 것이다. 당시는 겨울철이라 순례객 자체가 별로 없을 때인데도 한국인들을 콕 짚어 이야기한 게 좀 의아스럽기까지 했다. 혹시 그 스위스 처자는 한국인 순례객에 대한 편견을 가지고 있던 것이 아니었을까?

마음의 평화가 세상의 평화로까지 확장되길!

일부 서양인들은 한국인 순례객들이 산티아고 순례길이 가진 역사와 정신에 부합하지 않는다고 여기는 것 같았다. 떼지어 다니고, 엄숙하지 못하고, 큰 소리로 떠들고…. 뭐 이런 이미지로 한국인들을 바라보는 듯 했다. 이에 대해 필자는 이렇게 반박하고 싶다.

'니들은 안 그러냐? 니들도 큰 소리로 떠들고, 엄숙하지 못하잖아. 그리고 순례길이라면서 뭘 그렇게 연애를 하고 다녀! 알베르게에서 낯 뜨거운 장면들은 지들이 다 연출하면서….'

여기서 알베르게는 순례자를 위한 숙소를 말한다. 알베르게는 기숙사 침대 같은 2층 침대가 놓여 있다. 그 좁은 침대에 남녀가 쏙 들어가 있는 경우를 꽤 여러 번 봤다. 좀 낯 뜨거웠다. 한편으로는 부럽기도 하고….

한데 야고보가 산티아고 대성당에 잠들어 계신다고 하는데 그게 사실일까? 야고보의 제자들이 돌로 만든 배에 시신을 실어 옮겼다고 하는데 그게 말이 되나? 그 거친 파도가 몰아치는 지브롤터해협을 돌배로 건넜다는 게 쉽게 이해되지 않았다. 항해는 과학이자 기술이다. 그래서 '산티아고에 산티아고가 없다면'이라는 말까지 오가는 것이다.

썩 달갑지 않은 대접을 받으면서도, 산티아고에 산티아고가 없을 수도 있다는 의문이 있으면서도 또 순례길에 발걸음하는 이유가 있다. 걸을수록 마음의 평화가 느껴졌기 때문이었다. 필자는 마음의 평화가 세상의 평화로까지 확장되는 느낌까지 받았다. 전쟁의 공포가 사라지고, 화합의 악수가 건네지길 바라게 됐으니까. 이게 바로 산티아고 순례길의 진정한 정신이 아닐까?

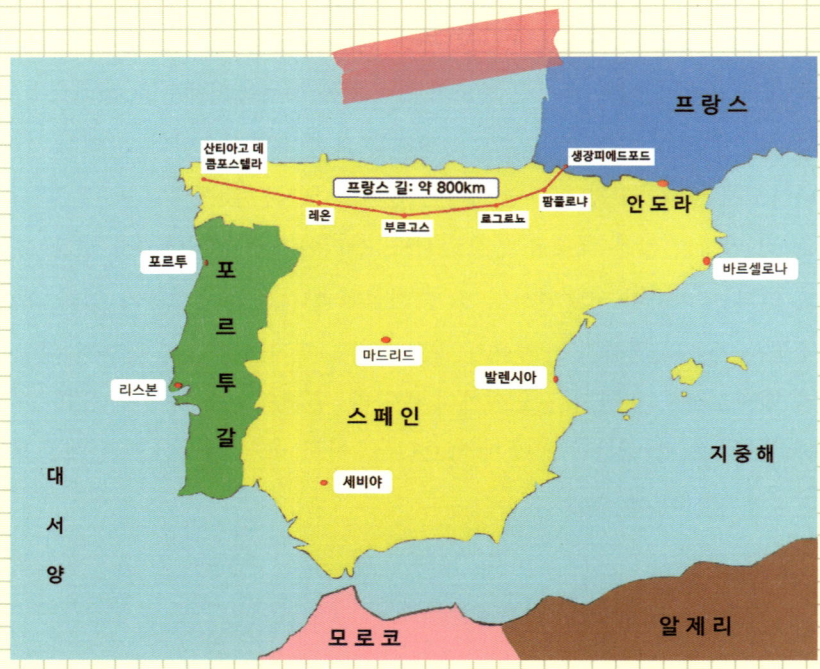

산티아고 순례길 프랑스길 지도

06 메세타 배먹으면 재미없지!
스페인 한복판에 탁자 고원이 있다고?

메세타 평원

"오! 이 안개 좀 봐요. 엄청 짙어요."

"좀 음산하기까지 하네요. 한국 안개는 애교에요, 애교!"

짙은 안개가 너무나 자욱했다. 말 그대로 한 치 앞도 보이지 않았다. 거기에 더해 한기까지 파고드는 느낌이 드니 을씨년스럽기까지 했다. 한국에서 봤던 낭만적인(?) 안개하고는 완전히 차원이 달랐다.

끝도 없이 펼쳐진 메세타고원

메세타고원Meseta. 산티아고 순례길을 걷는 순례자라면 누구나 한 번쯤 마주쳐야 할 고원지대이다. 가도 가도 끝이 없어 보이는 드넓은 평야가 순례객들의 눈앞에 펼쳐진다. 워낙 광활해서 한국에서는 볼 수 없는 지평선을 볼 수 있을 정도다. 그렇게 광대한 평야가 펼쳐지니 시야는 확 트여서 좋다. 하지만 발걸음이 좀 위축된다.

메세타에 대한 악명(?)이 워낙 자자해서 그런 것이다. 지형 자체는 평평하니 체력적으로 힘들지는 않다. 하지만 그늘도 없는 평야를 신물이 날 정도로 걸어야 하니 정말 고역일 수밖에 없다. 마을에서 마을까지 거리도 꽤 멀어서 밥시간에 맞춰 식당에 들어가기가 정말 어려울 정도다. 그래서 메세타 구간에서는 꼭 도시락을 챙겨야 했는데 문제는 걸터앉아 먹을 만한 곳이 거의 없다는 점이다. 벤치나 쉼터 같은 휴식공간도 부족하다 보니 거의 일어서서 빵을 뜯어 먹어야 했다. 그 광활한 평야에 홀로 서서 빵을 뜯어 먹으니, 이것이 눈물 젖은 빵인가? 이때 눈치 없는 매 한 마리가 '휘~' 소리를 내며 필자의 머리 위를 선회하고 있었다. 이걸 뺏어 먹으려고? 빼앗길 수는 없지, 눈물 젖은 빵치고는 꽤나 맛났으니까!

메세타는 스페인의 중앙부에 자리 잡고 있는데 그 넓이가 21만 km^2에 달한다. 한반도가 약 23만 km^2이니 그 규모를 짐작해볼 수 있다.

고원이라는 명칭답게 평균 고도는 약 660m로 꽤 높은 편이다. 한반도 정도 되는 면적의 고원지대가, 그것도 해발 600미터가 넘고 있으니 스페인의 평균 해발고도는 꽤 높을 수밖에 없다. 이러한 이유 때문인지 유럽 국가 중에서 스위스 다음으로 스페인이 해발고도가 가장 높다.

메세타를 둘러싸고 있는 높은 산들

메세타는 서쪽을 제외한 동쪽, 남쪽, 북쪽이 모두 큰 산맥으로 둘러싸여 있다. 동쪽에는 이베리코^{Ibérico}, 북쪽에는 칸타브리카^{Cantábrica}산맥이 두르고 있다. 남쪽에는 2중 장벽 형식으로 모레나^{Morena}산맥과 베티카스^{Béticas}산맥이 자리 잡고 있다. 이베리코산맥에서 가장 높은 봉우리는 몬카요^{Moncayo}(해발 2,315m), 칸타브리카산맥에서는 토레세레도 $^{Torre\ Cerredo}$(해발 2,650m), 모레나산맥에서는 바누에라스^{Bañuelas}(해발 1,332m)이다.

모레나와 함께 남쪽에 있는 베티카스 산맥에서 가장 높은 봉우리는 물아센^{Mulhacén}인데 그 높이가 무려 3,482m에 달한다. 그렇다. 물아센은 이베리아반도에서 가장 높은 봉우리이다. 베티카스산맥은 지맥 개념으로 시에라네바다 산맥을 거느리고 있는데 물아센이 그 시에라네바다 산맥에 있다. 시에라네바다산맥은 알함브라 궁전으로 유명한 그라나다Granada의 배후 산이라고 할 수 있다. 한마디로 그라나다에서 물아센이 가깝다는 뜻이다. 그라나다만큼 한국인들이 많이 찾는 론다Ronda도 베티카스산맥의 서쪽 지역에 자리 잡고 있다.

한편 메세타의 중심부에도 중앙Central산맥이 무려 600km에 걸쳐 동서 가로축으로 놓여 있다. 중앙산맥은 국경을 넘어 포르투갈 동쪽 지역까지 뻗어 있다. 이 중앙산맥을 기준으로 메세타는 북쪽 메세타와 남쪽 메세타로 나뉜다. 카스티야의 행정구역도 나눠진다. 메세타 북쪽은 카스티야이레온Castilla y León, 남쪽은 카스티야라만차Castilla-La Mancha로 분리된다.

강원도 양구의 펀치볼

외형적으로 보면 그 자체로 고지대인 메세타를, 그보다 더 높은 산맥들이 담장을 치듯 두르고 있는 셈이다. 아직 이해가 잘 안된다면, 강원도 양구군의 펀치볼 지형을 연상하면 좋을 듯싶다. 펀치볼은 해발고도가 400~500m 위치에 있는데 그 주위를 대암산, 도솔산, 대우산, 가칠봉 등의 1,000m가 넘는 산들이 두르고 있다. 차이점은 메세타가 서쪽이 트여 있는 형태라면 펀치볼은 동서남북이 다 산으로 둘린 형태다. 수박화채를 해 먹기 좋은 둥근 그릇을 영어로 펀치볼punchbowl이라고 하는데, 그곳 지형이 펀치볼처럼 생겼다 하여 그렇게 이름이 불린 것이다. 한국 사람들이 붙인 건 아니고 한국전쟁 때 양구에 주둔한 미군들에 의해 붙여졌다.

서쪽이 트여 있는 지형이라 스페인의 주요 강들은 서쪽인 포르투갈 방향이나 남쪽으로 흐른다. 포르투로 흐르는 두에로강, 리스본으로 흐르

메세타평원
안개 속의 돌다리. 역설적으로 안개와 어울리는 모습이다.

안개 낀 메세타평원
싸늘함이 느껴진다.

는 타호강, 스페인과 포르투갈의 남쪽 국경을 형성하는 과디아나강, 스페인 남부를 흐르는 과달키비르강. 모두 다 대서양으로 흘러 들어간다. 단 에브로강은 동쪽인 카탈루냐 지방으로 흘러 지중해가 된다.

메세타 빼먹으면 재미없다!

아시다시피 스페인의 여름은 정말 뜨겁다. 당연히 스페인의 5분의 2를 차지하고 있는 메세타도 뜨겁다. 또한 건조하다. 하지만 겨울은 추운 편이다. 즉 여름과 겨울의 기온 차가 크다는 뜻이다. 또한 지대 자체가 높다 보니 겨울에는 짙은 안개가 매일같이 끼는 것이다. 필자가 순례길을 겨울에 많이 가서 그랬나? 메세타 구간에서는 거의 안개 속을 헤치며 걸었었다.

메세타 지역은 인구가 희박한 터라 마을들도 띄엄띄엄 있다. 오랜 시간 안개 속에서 헤매며 외롭게 순례길을 걷는다고 생각해보라. 쉽게 발걸음이 안 떨어질 거다. 그래서 어떤 순례자들은 산티아고 순례길의 본 노선인 프랑스길에서 벗어나 지선인 북쪽길로 이동하기도 한다. 어떤 순례자는 아예 버스나 기차로 메세타 구간을 점핑하기도 한다.

필자도 메세타를 겪어본 사람으로서 그 순례자들이 좀 이해가 된다. 하지만 안개 속을 헤치며 당당하게 걷는 것도 순례길의 일부가 아니겠는가! 순례길에서 메세타 빼먹으면 재미없지!

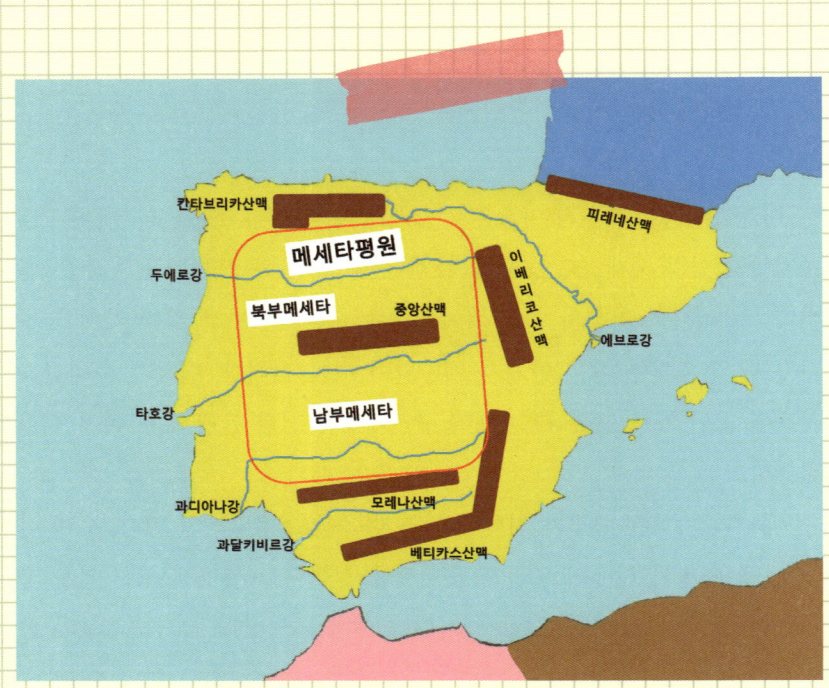

메세타평원 지도

06 메세타 빼먹으면 재미없지!?

07 스페인어는 없다?
5억 명이 스페인어를 쓰고 있는데…

도노스티아-산세바스티안
아르굴산에서 바라본 시내와 콘차 해변.

　명색이 필자가 역사트레킹 마스터 아닌가? 그래서인지 숲길트레킹을 무척 좋아한다. 겸사겸사 나무에 대한 지식을 넓히겠다고 숲학교에 등록한 적이 있었다.

　"세상에 참나무는 없습니다. 딱 이게 참나무라고 찍어서 부를 수 있는 나무는 세상에 존재하지 않아요."

　이게 무슨 소리인가? 그 전날에 참나무 장작으로 구운 삼겹살을 먹었는데…. 그 말대로 하면 난 존재하지도 않는 나무로 고기를 구웠다는 뜻이다. 하지만 그 말이 맞았다. 참나무라는 종은 없다. 참나무는 특정되는 나무가 아닌 참나무 종류를 모두 아우르는 통칭이다. 그룹으로 연상하시면 좋을 듯싶다. 그룹명은 참나무이고, 보컬 갈참나무, 기타 굴참나무, 베이스 상수리나무, 드럼 졸참나무, 키보드 신갈나무, 퍼커션 떡갈나무…. 여기서 언급된 여섯 나무는 이른바 참나무 육형제라고 불린다. 그게 그 나무인 거 같아서 자세히 보지 않으면 구분하기가 쉽지가 않다.

전 세계 20개국에서 사용하는 스페인어

산티아고 순례길을 다녀온 후였다. 스페인어가 배우고 싶어서 회화책도 사고, 동영상도 찾아보았다.

"세상에 스페인어는 없습니다. 애초에 스페인어는 존재하지 않았다고 할 수도 있어요."

도대체 이게 무슨 소리인가? 참나무 때처럼 어리둥절할 수밖에 없었다. 동영상을 멈추고 잠시 숨을 골랐다.

현재 스페인어는 전 세계 인구 중 약 5억 명이 사용하고 있는 언어다. 영어를 뛰어넘어 중국어 다음으로 가장 많은 사람들이 사용하는 언어다. 스페인 본국을 필두로 스페인의 옛 식민지였던 중남미 국가와 아프리카 적도에 있는 적도 기니 등 20개국이 사용한다. 참고로 적도 기니 Equatorial Guinea는 스페인의 식민지였다가 1968년에 독립했다. 프랑스 식민지였다가 1958년에 독립한 기니 Guinea와는 구별되는 나라다. 적도 기니는 아프리카 주권국 중에서 유일하게 스페인어를 공용어로 사용하고 있다.

스페인어는 미국에서도 광범위하게 쓰이고 있다. '히스패닉'이라는 단어가 익숙하실 텐데 히스패닉은 미국에서 스페인어를 사용하는 사람들을 지칭한다. 주로 중남미 출신자들인데 그 수가 약 5천만 명이 넘는다. 그 수는 계속해서 증가하고 있다. 이렇게 많은 이들이 스페인어로 의사소통하는 마당에 스페인어가 없다니…. 이게 말이 되는가!

여러 왕국의 등장, 그에 따라 분화된 언어들

서기 711년, 북아프리카에 있던 이슬람 무어인이 이베리아반도를 침

도노스티아-산세바스티안
바스크 이름인 도노스티아와 카스티야어인 산세바스티안이 병기됐다. 맨홀 뚜껑이 사각형이다.

바르셀로나 지하철역
카탈루냐광장역(plaça de catalunya). 광장(plaça)이 c자가 아닌 ç자다. 아래에 작은 갈고리가 달렸는데 이걸 두고 '세디유'라고 부른다. 발음이 '프라카'가 아닌 '프라사'가 된다.

07 스페인어는 없다?　97

공하였다. 당시 이베리아반도에 있던 서고트 왕국은 무어인의 무력 앞에 몰락하고 만다. 이후 레콘키스타^{reconquista}라고 불리는 국토회복운동이 1492년에 마침표를 찍을 때까지 무려 800년이란 시간이 소요된다. 그 기나긴 시간 동안 이베리아반도 내에서는 여러 왕국이 등장한다. 그 왕국들이 자리 잡은 지역에서는 해당 지역의 색채가 강하게 묻어 있는 언어가 분화, 발전하기에 이른다. 그렇게 등장한 언어는 카스티야어, 카탈루냐어, 갈리시아어, 바스크어 등이다.

1479년, 이베리아반도 중앙에 있는 카스티야 왕국과 지금의 카탈루냐 지역에 있는 아라곤 왕국이 합쳐져 카스티야-아라곤 공동왕국이 형성된다. 이후 1492년, 마지막 이슬람 왕국이었던 그라나다 왕국이 멸망하면서 국토회복운동은 종료된다. 그해 콜럼버스는 신대륙을 찾아 돛을 올렸다.

스페인이 지금과 같이 통일된 형태를 갖춘 시기는 카를로스 1세$^{Carlos\ I}$가 즉위한 1516년 이후이다. 카를로스 1세는 신성로마제국의 황제도 겸했는데 신성로마제국에서는 칼 5세$^{Karl\ V}$로 불렸다. 카를로스 1세의 아들은 그 유명한 펠리페 2세다.

카스티야 왕국의 주도로 통일된 스페인 왕국이 들어서자 자연스럽게 언어도 카스티야어가 중심적인 역할을 하게 된다. 하지만 스페인이 어떤 나라인가? 그 어떤 유럽 국가들보다도 지역색이 강한 나라가 아니던가? 카스티야로 대변되는 중앙권력에 대한 반대 움직임은 이후로도 계속된다. 크게 4대 언어 권역으로 나눌 수 있는데 이 권역은 민족적인 분포와도 궤를 같이하고 있다.

- 카스티야어: 약 74%
- 카탈루냐어: 12%
- 갈리시아어: 8%

- 바스크어: 1%
- 기타

카스티야어, 카탈루냐어, 갈리시아어, 바스크어

지금은 중심어이지만 카스티야어도 예전에는 북부 지방의 방언 중 하나였다. 이후 12세기경, 스페인의 중북부 지역에 카스티야레온 왕국이 들어서는데 그때 궁중 언어로 사용됐다. 15세기 후반 카스티야 왕국은 이후 아라곤 왕국과 병합했고, 카스티야어는 명실상부한 스페인의 가장 중심이 되는 언어로 자리매김한다.

카탈란어라고도 불리는 카탈루냐어는 동북쪽에 있는 카탈루냐, 발렌시아, 발레아레스 제도에서 사용되고 있다. 동북쪽의 중심 도시는 그 유명한 바르셀로나이다. 발렌시아는 바르셀로나에서 남쪽으로 약 350km 정도 떨어진 곳에 자리 잡고 있다. 발레아레스 제도는 지중해에 있는 섬들인데 중심 도시는 팔마이다. 발렌시아에서 약 280km 정도 떨어져 있다.

카탈루냐Cataluña는 프랑스와 근접해 있어서 그런지 역사적으로 프랑스와 공유되는 점들이 꽤 많다. 언어도 그렇다. 카탈루냐어는 남부 프랑스에서 사용되는 프로방스어와 깊게 연결되어 있다. 이런 이유 때문인지 카탈루냐어를 배운 이들 중에는 카탈루냐어가 카스티야어와 프랑스어를 섞어찌개를 한 것 같다는 소감을 밝히기도 한다. 한편 위에 언급된 지역들 이외에도 피레네산맥에 있는 작은 나라 안도라도 카탈루냐어를 공용어로 사용하고 있다.

가예고gallego라 불리는 갈리시아어는 이베리아반도 서북쪽에 있는 갈리시아Galicia 지방에서 사용되는 언어다. 갈리시아는 포르투갈의 바로 위쪽에 자리 잡고 있는데 포르투갈과 관련이 깊은 곳이다. 포르투갈이 갈리시아 백작령에서부터 시작됐기 때문이다. 이런 이유로 갈리시아어는 포르투갈어의 조상이라고 여겨지고 있다.

에우스카라^{euskara}라고 불리는 바스크어는 바스크^{Basque} 지방에서 사용된다. 바스크는 스페인과 프랑스의 국경에 있는 피레네산맥 서쪽에 위치하는데 스페인은 물론 프랑스에도 바스크인들이 거주하고 있다. 로마의 영향력 아래에 있던 유럽 지역은 보통 라틴어의 영향을 받아 로망스어군을 이룬다. 카스티야어, 카탈루냐어, 갈리시아어들 모두 로망스어군이다. 프랑스어, 포르투갈어도 로망스어군에 속한다. 하지만 바스크어는 로망스어군이 아닌 독자적인 체계를 갖추고 있다. 로망스어군이 사방으로 둘러싸여 있지만, 자신만의 고유성을 유지하고 있는 모습이다. 이를 두고 언어학상으로는 고립어라고 부른다. 바스크인들은 그들이 즐겨 쓰는 독특한 외형의 바스크 베레모처럼 자신들만의 고유한 정체성에 자부심을 가지고 있다. 그런 자부심의 토대를 이루는 것 중 하나가 바스크어이다.

여기서 각 언어를 비교해보자.

영어	카스티야어	카탈루냐어	갈리시아어	바스크어
hello	hola	hola	ola	kaixo
plaza	plaza	plaÇa	cadrado	plaza
see you later	hasta luego	fins després	vémonos despois	gero arte
please	por favor	si us plau	por favor	mesedez
how much?	¿Cuánto?	quant?	canto?	zenbat?
cheers!	¡salud!	salut!	saude!	topa!
thank you	gracias	gracies	gracias	eskerrik asko

다른 언어보다도 바스크어가 확실히 두드러지게 구별된다. 한편 카스티야어에서 의문문과 감탄문을 한번 보자. ¡salud!(건배!), ¿Cuánto?(얼마에요?). 다른 언어와 달리 거꾸로 뒤집혀 있는 느낌표와 물음표를 앞에 하나 더 써주어야 한다. 그래야 문장이 완성된다. 그나저나 건배 너무 많이 하지 말자. 돈이 너무 많이 나온다.

이런 지역 언어들은 1978년에 개정된 헌법에 따라 카스티야어와 함께 공식적인 위치를 부여받는다. 지도나 도로명 같은 공공문서에 카스티야어와 각 지역어가 동시에 기재된다. 예를 들어 바스크 지역에 있는 도노스티아Donostia라는 도시는 산세바스티안San Sebastián이라는 명칭을 동시에 기재한다. 도노스티아가 바스크어고, 산세바스티안이 카스티야어이다.

앞서 참나무 육형제처럼 스페인의 지역어를 그룹으로 빗대서 생각해봤다. 리더는 카스티야어일 것이다. 그런데 나머지 멤버들이 만만치가 않다. 불화설이 계속 흘러나오고, 그룹을 탈퇴하겠다고 으름장을 놓는 멤버도 있을 정도다. 리더 입장에서는 꽤 골치가 아플 것이다.

글을 마치기 전에 스페인어, 정확히는 카스티야어에서 가장 좋아하는 문장 하나를 써본다.

¡yo soy peregrino!(나는 순례자입니다!)

종교, 철학을 떠나 우리는 모두 자신의 인생길에 순례자가 아니던가!

스페인의 지역어 분포

08 5일 천하로 끝난 카탈루냐공화국
문제적 인물, 전 카탈루냐 자치정부 수반 카를로스 푸지데몬

사그리다파밀리아
바르셀로나의 명물 사그리다파밀리아.
천재 건축가 안토니오 가우디가 설계했다.

　스페인은 지역색이 강한 곳이다. 그래서 지방자치제도도 발달했다. 하지만 카탈루냐 사람들은 지방자치를 뛰어넘어 스페인 중앙정부에서 독립하고자 한다. 마치 스코틀랜드 사람들이 영국에서 분리돼 스코틀랜드 국가를 원하듯이, 카탈루냐 사람들은 독자적인 '카탈루냐 국가'를 원하고 있다. 그런 이유 때문인지 카탈루냐 지역 일대를 여행하다 보면 매우 정치적인 낙서를 어렵지 않게 보게 된다.

- 카탈루냐는 스페인이 아니다
- 스페인은 정치범을 붙잡고 있다

　카탈루냐 사람들은 카탈루냐가 스페인 역사에 편입된 건 1700년대 이후였다고 주장한다. 불과 300여 년 전에는 독자적인 주권을 행사하는 지역이기에 스페인 중앙지역인 카스티야와는 다른 정체성을 가지고 있다고 역설한다.

천재 건축가 가우디는 카탈루냐의 정체성을 잃지 않으려고 했다

카탈루냐는 카탈란어라는 독자적인 언어가 있는데 예전에는 사용이 금지된 적이 있었다. 탄압이 가중될수록 그들의 카탈란어 사랑은 더 깊어갔다. 바르셀로나 인근 레우스^{Reus} 출신인 천재 건축가 안토니오 가우디도 카탈란어를 사랑했던 이들 중 한 명이었다. 1924년 9월이었다. 당시는 쿠데타로 집권한 프리모 데 리베라가 통치하던, 독재정권 시기였는데 가우디는 카탈란어를 사용하다 경찰에 붙잡히게 된다. 경찰의 모욕과 탄압이 있었지만, 가우디는 끝내 스페인어 사용을 거부했다. 카탈루냐의 정체성을 잃지 않으려는 가우디의 굳은 심지가 돋보이는 사건이었다.

이런 흐름은 실제적인 행위로 도출됐다. 카탈루냐공화국의 설립이 바로 그것이다. 역사적으로 카탈루냐 국가를 설립하려는 시도는 여러 번 있었지만, 번번이 좌절되고 말았다. 하지만 독립국가에 대한 열망은 꾸준히 발현되었고, 몇 해 전인 2017년에도 시도되기에 이른다.

영화 같았던 카를로스 푸지데몬의 등장과 퇴장

2024년 8월 8일, 바르셀로나에서 영화의 한 장면 같은 일이 벌어졌다. 카를레스 푸지데몬$^{Carles\ Puigdemont}$이라는 전 카탈루냐 자치정부 수반이 7년 만에 귀국했는데 감쪽같이 사라졌다는 것이다. 당시 푸지데몬은 자신이 소속되어 있는 '카탈루냐를 위해 함께'라는 정당의 환영 행사에 참여했다. 이 행사에서 그는 카탈루냐 독립에 대한 당위성을 주장하는 연설을 했다. 수많은 지지자에 둘러싸여 연단에 오르고, 또 퇴장했다. 이후 준비된 자동차를 타고 모임 장소에서 벗어났다.

여기에 문제가 있는가? 정치인이 연단에 올라 정치적인 발언을 하겠

몬세라트
돌산인 몬세라트에서 가우디는 큰 영감을 얻었다. 바르셀로나 중심가에서 서쪽으로 약 60km 떨어진 곳에 있다.

바르셀로나
'스페인은 정치범을 붙잡고 있다'라는 낙서. 그걸 누군가가 지우고, '스페인 우선'이라는 내용으로 바꿔놓았다.

다는데…. 하지만 문제가 있었다. 푸지데몬은 여러 가지 혐의로 스페인 공안당국에 수배를 받고 있었기 때문이다. 그는 회합장소에서 벗어나 자택으로 간 것이 아니라 국경을 넘어갔다. 수많은 지지자가 블록 역할을 했고, 결국 그를 체포하기 위해 대기하던 경찰들은 허탕을 치고 말았다.

도대체 무슨 일이 있었기에 스페인 중앙정부는 푸지데몬의 행동에 촉각을 세우게 됐는가? 2017년 10월이었다. 카탈루냐의 분리독립 여부를 묻는 주민투표가 있었고, 독립찬성으로 결과가 나온다. 이에 카탈루냐 국가가 선언됐고, 초대 국가수반으로 푸지데몬이 권좌에 오른다. 푸지데몬을 비롯한 독립파는 이를 카탈루냐공화국Republic of Catalonia으로 칭했다.

5일 천하로 끝난, 카탈루냐공화국

바르셀로나를 수도로 삼은 카탈루냐공화국은 약 32,113km²로 그 크기가 벨기에(약 30,528km²)보다 조금 더 크다. 인구는 약 700만 명 정도다. 2022년 카탈루냐의 국내총생산GDP은 2,441억 달러로 2,558억 달러인 포르투갈에 좀 못 미치는 수준이다. 벨기에 정도의 땅 크기와 포르투갈 정도의 경제력을 가지고 있는 나라가 21세기에 출현을 했다면 유럽 역사가 새로 작성됐을 것이다.

하지만 우리는 결론을 알고 있다. 2017년에 등장한 카탈루냐공화국은 시작과 동시에 멸망했다. 그래서 카탈루냐공화국의 존재 자체를 아는 한국 사람은 거의 없다. 그 존재를 알고 있는 사람이 있으면 더 이상할 정도다.

일련의 사태가 어떻게 진행됐는지 알아보자. 분리독립을 가만히 보고 있을 중앙정부가 아니었다. 당시 스페인 총리였던 마리아노 라호이는 헌법을 발동하여 주동자였던 푸지데몬을 해임했다. 또한 반역죄와 배임

등의 죄목으로 수배령을 내렸다. 그는 자신의 고향을 등지고 벨기에로 망명하고, 카탈루냐공화국은 5일 만에 역사 속으로 사라졌다. 카탈루냐공화국이 5일 천하로 끝난 후, 권력의 공백은 중앙정부가 메꾼다. 스페인 중앙권력은 4개월 동안 카탈루냐를 직접 통치했다.

2017년 카탈루냐 독립은 스페인을 넘어 전 유럽을 뒤흔들어 놓았던 일대 사건이었다. 푸지데몬의 망명, 중앙정부의 강경 대응 등으로 독립파들의 예봉은 꺾이게 된다. 하지만 그 불씨는 여전히 잠재해 있었다.

7년이 흐른 2024년 8월, 푸지데몬은 자수하겠다는 조건으로 다시 카탈루냐 땅을 밟을 수 있었다. 지지자들 앞에서 연설한 후 경찰에 연행되는 시나리오였다. 하지만 앞에서 언급한 것처럼 그는 자수하지 않았고, 7년 전처럼 국경을 다시 넘어간 것이다.

경제와도 얽혀 있는 카탈루냐 독립문제

분리독립은 경제 문제와도 얽혀 있다. 만약 카탈루냐가 스페인의 다른 지역들보다 가난하다면? 물론 경제력 여부에 따라 독립운동의 향방이 결정되지는 않을 것이다. 하지만 자신들의 돈이 다른 지역들보다 더 많이 세금으로 걷히고 있다면, 그 부분이 썩 내키지 않을 것이다.

실제로 그랬다. 카탈루냐의 국내총생산은 2022년 기준으로 스페인 전체의 약 20%를 차지하고 있다. 이를 두고 분리주의자들은 자신들의 경제적 기여가 큼에도 불구하고 중앙정부는 그만큼의 혜택을 돌려주지 못했다고 비판한다. 스페인의 다른 지역보다 더 많은 돈을 중앙정부에 보내지만 정작 카탈루냐로 돌아오는 재투자 비용은 그보다 더 적다는 것이다. 자신들이 손해를 보고 있다는 뜻이다.

이런 주장들은 경제위기와 맞물려 설득력을 얻게 됐다. 2010년경에 남부유럽에 경제위기가 닥치는데 해당하는 국가들의 앞 글자를 따

푸지데몬
전 카탈루냐 자치정부 수반.
사진: Wikimedia Commons

카탈루냐기
카탈루냐어로 세녜라(Senyera)라고 부른다. 이 문양은 원래 아라곤 연합왕국의 표식이었다. 그래서 카탈루냐 뿐만 아니라 아라곤, 발렌시아 등 옛 아라곤 왕국 지역에서 널리 사용되고 있다.

에스텔라다(Estelada)
카탈루냐 독립세력들이 흔드는 깃발로 카탈루냐 민족주의를 상징한다. 비공식 깃발이다.

니 PIGS가 됐다. 포르투갈Portugal, 이탈리아Italy, 그리스Greece, 스페인Spain. 필자가 다 좋아하는 국가들인데 어쩌다가 '돼지들'이라는 굴욕적인 멸칭을 얻게 됐을까…. 어쨌든 이런 재정위기가 닥치자 카탈루냐 분리주의자들은 스페인 중앙정부의 무능을 왜 자신들이 짊어져야 하냐며, 불만을 표출했다. 독립하여 독자적인 경제정책을 시행하면 더 잘살 수 있다고 주장하기에 이른다.

이제까지 2017년도에 있었던 카탈루냐공화국 사건을 중심으로 카탈루냐 문제에 대해 알아보았다. 지금이야 잠잠하지만, 카탈루냐 문제는 언제든 다시 수면 위로 올라올 수 있다. 마치 경제위기가 언제든 다시 발생할 수 있는 것처럼….

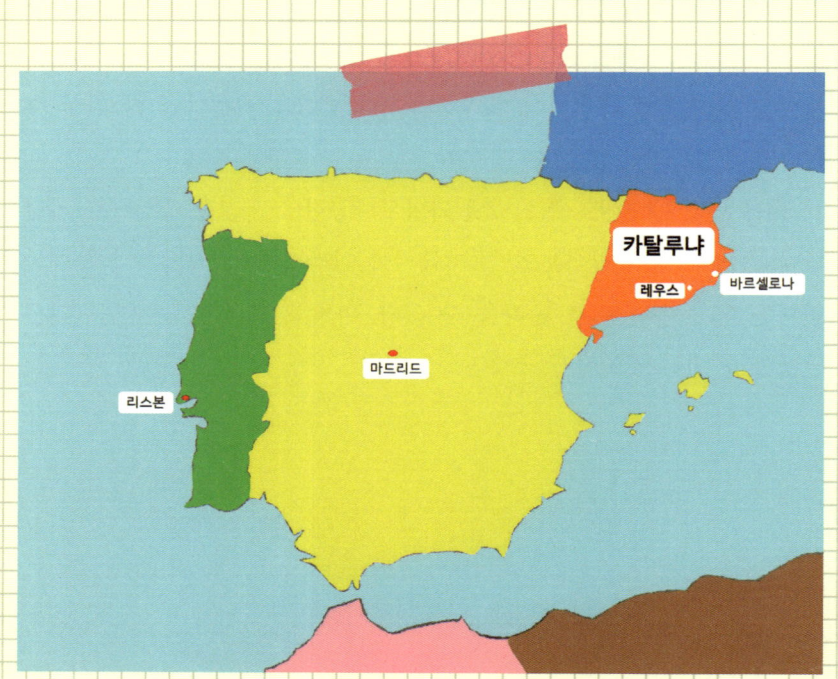

카탈루냐 지도

09 카탈루냐는 스페인이 아니다?
카탈루냐의 정체성 1부

하카성

하카는 아라곤 지방 북부에 위치한 도시다. 하카에는 산 페드로성이라고도 불리는 하카성이 있다. 하카는 아라곤 왕국의 초기 시대 수도였는데 피레네산맥 아래에 위치해 있어 방어에 용이했다. 사진 오른쪽에도 피레네산맥이 보인다.

이전 글에서도 계속 언급했듯이 카탈루냐 사람들은 자신들이 스페인과는 다른 정체성을 가지고 있다고 역설한다. 그들이 말하는 정체성의 시초는 서기 801년, 바르셀로나 백작령에서부터 시작됐다고 볼 수 있다.

711년, 북아프리카에 있던 이슬람 무어인이 이베리아반도를 침공했고, 서북쪽 일부를 제외한 이베리아반도를 전부 다 차지한다. 이에 그치지 않고 무어인은 피레네산맥을 넘어 현재의 프랑스 영토까지 욕심낸다. 당시 프랑스 지역은 프랑크 왕국이 있었고, 메로빙거 왕조가 통치했다.

프랑크 왕국의 이베리아 원정과 『롤랑의 노래』

결국 732년에 프랑크 왕국 중서부에 있는 투르와 푸아티 지역에서 크게 전투가 벌어졌다. 투르-푸아티 전투에서 프랑크군은 무어인에게 대승을 거둔다. 이때 사령관이 카를 마르텔이었다. 이후 카를 마르텔의 아들인 피핀이 751년에 메로빙거 왕조를 폐하고, 스스로 왕위에 오른다. 카롤링거 왕조가 시작된 것이다.

카롤링거 왕조 시기에도 이슬람 세력은 지속적으로 피레네 지역을 위협했다. 계속된 전투 중에 영웅도 출현하고, 그런 영웅을 드높이는 서

사시도 탄생하게 된다. 그렇게 나타난 서사시가 바로 『롤랑의 노래』다. 이 작품은 샤를마뉴의 조카인 롤랑의 영웅담을 담은 중세 유럽의 대표적인 영웅 서사시로 불린다. 실제로 『롤랑의 노래』는 778년, 프랑크 왕국 샤를마뉴의 이베리아 원정을 그 배경으로 하고 있다.

8세기가 가고, 9세기로 넘어왔다. 801년 4월이었다. 이 당시도 프랑크 왕국은 샤를마뉴 대제가 통치하고 있었다. 이때 그의 아들 루트비히 1세가 이끄는 군대가 바르셀로나를 점령했다. 바르셀로나는 약 80년간 지속된 이슬람 무어인의 지배에서 벗어날 수 있었다. 이렇듯 피레네산맥과 인접해 있는 이베리아반도 동북쪽, 칸타브리카산맥이 있는 서북쪽은 이슬람 세력의 지배를 받지 않거나 비교적 짧게 받게 된다. 남부 안달루시아의 그라나다는 이슬람 세력의 마지막 수도였으니, 700년 이상 아랍의 영향을 받게 된다. 몇백 년 동안 지배를 받은 곳과 불과 몇십 년 정도만 받은 곳은 차이가 생기기 마련이다. 이런 이슬람 통치 기간의 차이도 카탈루냐만의 정체성을 형성하는 데 직간접적인 영향력을 행사했을 것이다.

프랑크 왕국, 피레네산맥에 바르셀로나 백작령 설치

바르셀로나를 위시한 카탈루냐 일대는 프랑크 왕국의 변경 지역이 되었다. 이 변경 지방을 방위하기 위해 베라라는 사람이 바르셀로나 백작으로 임명되었다. 이것이 바로 바르셀로나 백작령이라고 불리는 에스파냐 변경령의 시초다. 이런 역사적 형성과정이 있었기에 바르셀로나 백작령은 프랑크 왕국의 직간접적인 영향을 받을 수밖에 없었다. 카탈루냐어가 프랑스어와 유사한 점이 많은 것도 그러한 이유 때문이다.

카롤링거 왕조는 바르셀로나 이외에도 여러 곳에 백작령을 두었다. 백작령들은 피레네산맥을 중심으로 남쪽에 자리 잡고 있었는데 이곳들

사라고사
피에드라 다리에서 바라본 필라르 성모 대성당과 라세오 성당. 피에드라 다리는 로마시대에 만들어진 다리이다. 강 건너 왼쪽이 라세오 성당, 오른쪽이 필라르 성모 대성당.

바르셀로나 대성당
가우디가 설계한 유명한 사그라다 파밀리아와는 다른 성당이다.

이 이슬람 군대의 북상을 막아주는 완충지 역할을 했다. 프랑스 본토에 대한 이슬람 군대의 직접적인 위협을 제거하기 위해 방패막이를 여러 곳에 설치했던 것이다.

프랑크 왕국 입장에서 보자면 에스파냐 변경령은 말 그대로 변방이었다. 멀리 떨어져 있다 보니 정치·군사적인 영향력이 떨어질 수밖에 없었다. 시간이 흐를수록 백작령들은 본국과는 다른 정체성을 함양해 나갔다. 백작령들은 카롤링거 왕조가 쇠퇴하고, 더 나아가 멸망했던 10세기경에는 예속관계에서 벗어나 독자적인 주권을 행사하기에 이른다. 이런 백작령 중에서 가장 두각을 나타냈던 건 바르셀로나 백작령이었다. 다른 백작령들을 병합해나가며 우두머리 역할을 자임하게 된다. 이에 따라 바르셀로나는 중심지로 우뚝 서게 되고, 카탈루냐 정체성의 구심점 역할을 하게 된다.

아라곤 왕국 건국

이베리아반도 북부에 하카^{Jaca}라는 도시가 있다. 피레네산맥의 아랫동네라 주위 풍광이 수려한 곳이다. 1035년, 이곳 하카에서 아라곤 왕국이 탄생했다. 왕국의 초대 왕인 라미로 1세$^{Ramiro\ I}$는 이웃 나라인 팜플로나 왕국에서 태어났는데 그의 아버지는 팜플로나 왕국의 전성기를 이끌었던 안초 3세$^{Antso\ III}$였다. 안초 3세가 죽자 그의 아들들이 각각의 영지를 물려받는데 라미로 1세는 아라곤 백작령을 상속받게 됐다. 이때 라미로 1세는 백작 신분에 만족하지 않고 스스로 왕을 자처하게 된다. 아라곤 왕국이 건국된 것이다. 이때가 1035년이었다. 참고로 팜플로나 왕국은 12세기에 나바라 왕국으로 이름을 바꾼다.

하카의 중심지 뒤로는 피레네산맥이 병풍처럼 두르고 있다. 방어에 이점이 있을지는 모르지만 대외로 진출하기에는 제약이 많은 지형이다.

필자가 하카 시내를 직접 방문하여 살펴본 소감이다. 그래서인지 아라곤 왕국은 이후 우에스카(1096), 사라고사(1118)로 잇달아 천도하게 된다. 사라고사는 평원지대로 에브로강이라는 큰 강을 끼고 있는 도시다. 하카나 우에스카보다는 훨씬 더 개방적인 공간에 자리 잡고 있다. 현재 사라고사^{Zaragoza}는 스페인 5대 도시에 속할 정도로 큰 규모를 자랑한다. 참고로 스페인어로 'j'는 'ㅎ'로 발음돼서 하카가 되고, 'z'는 'ㅅ'로 발음되어 사라고사가 됐다.

작은 소국에서 시작한 아라곤 왕국은 1137년에 아라곤 연합왕국으로 재탄생하게 된다. 당시 바르셀로나 백작령을 통치하던 백작 라몬 베렝게르 4세는 아라곤 왕국의 왕위 계승자인 페트로닐라와 약혼한다. 당시 페트로닐라는 한 살이었다. 누가봐도 정략적인 혼인동맹이다. 실제 결혼은 1150년, 페트로닐라가 열네 살이 되던 해에 행해진다.

지중해의 해상왕국, 아라곤 연합왕국

연합 당시에 아라곤보다는 바르셀로나가 더 부유했지만, 왕국의 명칭은 아라곤으로 정해진다. 아라곤 연합왕국은 중앙집권적인 정치 체제가 아니었다. 그래서 바르셀로나 백작령이 위치했던 카탈루냐 지방의 정치와 행정은 독자적으로 운영됐고, 14세기 이후로는 카탈루냐 왕자령$^{principado\ de\ Cataluña}$으로 불리게 된다.

이베리아반도 중앙에 카스티야 왕국이 버티고 있어서일까? 아라곤 연합왕국은 지중해로 눈길을 돌렸다. 하나하나 영토를 늘려갔는데 15세기 중반에는 그 범위가 지중해 전체에 이를 정도로 큰 해상왕국을 이루었다. 명실상부한 유럽의 강대국으로 등극한 것이다.

711년부터 700년 넘게 이어져 온 레콘키스타라고 불리는 국토회복 운동이 드디어 1492년에 종지부를 찍게 됐다. 이베리아반도에서 이슬람

필라르성모 대성당
사라고사에 있는 필라르성모 대성당. 앞에 보이는 강이 에브로강이다. 사라고사는 아라곤 연합왕국의 수도였다.

팜플로나성
팜플로나 왕국의 아라곤 백작령이 아라곤 왕국의 시초였다.

무어인들이 물러간 것이다. 레콘키스타의 마침표를 찍은 주역들이 있었는데 카스티야레온 왕국의 이사벨 1세 여왕과 아라곤 연합왕국의 페르난도 2세였다. 두 사람은 1469년 결혼을 했고, 두 왕국은 공동왕국을 이루게 됐다. 국토회복운동을 성공적으로 마무리한 공로로 그들은 교황 알렉산더 6세로부터 '가톨릭 공동왕'이라는 칭호를 선사받았다.

이베리아반도 지도
13세기 초반 지도이다. 당시 남쪽은 이슬람 알모아데족이 차지하고 있었다. 동쪽 카탈루냐 지방을 보면 현재의 스페인-프랑스 국경과는 다른 모습이다.

10 카탈루냐는 스페인이지만, 스페인이 아니다?
카탈루냐의 정체성 2부

레리다성

수다성이라고도 불리는 레리다성. 레리다성은 스페인 왕위 계승 전쟁의 주요 전장 중 한 곳이었다. 레디다는 카탈루냐 서부에 위치해 있다.

　스페인 동부 카탈루냐 지방의 예이다Lleida라는 도시를 방문했다. 예이다는 카탈루냐어 표기이고, 스페인어로는 레리다Lérida로 불리는데 바르셀로나에서 서쪽으로 약 160km 정도 떨어져 있는 곳이다.
　아리따운 현지인 처자들이 고풍스러운 성을 배경으로 사진을 찍고 있었다. 화려한 분위기의 드레스를 입고 있었는데 오래된 건축물과 어우러져 마치 여신을 보는 듯했다. 그냥 지나갈 필자가 아니었다. 그녀들의 사진을 찍어주며 말을 걸었다.

"저 성이 예뻐요. 당신들도 예뻐요!"

　수다성Castle of the Suda, 혹은 왕성Castle of the King이라고 불리는 성이었는데 이곳은 주위를 압도할 정도로 웅장함을 과시하고 있었다. 이렇게 멋진 성이지만 곳곳에 역사의 상처들이 흉터처럼 남아 있었다. 특히 수다성은 1700년대 초반에 있었던 스페인 왕위 계승 전쟁의 참화가 직접적으로 들이닥친 곳이다. 당시 카스티야에서 분리독립을 원했던 카탈루냐 사람들은 수다성을 근거지로 삼아 항쟁에 나섰다. 하지만 성은 함락됐고, 카탈루냐는 자치권이 박탈되어 스페인에 병합된다.

1640년에 있었던 카탈루냐 반란

전편에 이어서 카탈루냐의 정체성이 어떻게 형성됐는지 알아보자. 이전 편에서는 바르셀로나 백작령의 탄생, 아라곤 왕국의 건국과 아라곤 연합왕국으로의 발전 등 내재적인 요소에 방점이 찍혔다. 이번 편에서는 카탈루냐 반란과 스페인 왕위 계승 전쟁이라는 대내외적인 항쟁을 중심으로 바라보고자 한다.

1640년에 카탈루냐에서 농민들이 중심이 되어 반란을 일으킨다. 일명 '카탈루냐 반란'이 일어난 것이다. 당시 전 유럽은 종교전쟁이라고 불리는 30년 전쟁(1618~1648)의 수렁에 빠져 있었다. 스페인도 예외가 아니었다. 구교인 가톨릭 편에 선 스페인은 신교 측에 선 프랑스와 전쟁을 벌였다. 그런데 이상하지 않은가? 프랑스도 만만치 않은 가톨릭 국가인데 왜 신교 측에 서냐 이 말이다.

'부르봉 VS 합스부르크.'

이 도식 안에 해답이 있다. 당시 부르봉 가문의 프랑스는 합스부르크 가문들이 지배하는 나라들에 의해 둘러싸여 있었다. 동쪽으로는 신성로마제국, 남쪽으로는 스페인이 프랑스를 압박하는 형국이었다. 프랑스는 합스부르크 왕국들의 포위망을 벗어나야 했기에 신교 측을 지지하며 전쟁에 나서게 됐다.

이때 프랑스 국경과 인접한 카탈루냐 지방에 많은 부역이 부과됐는데 카탈루냐인들은 이에 대해 반감이 거셌다. 카탈루냐인들은 스페인 왕실에 맞서 반란을 일으켰고, 반대로 프랑스의 루이 13세에게는 도움을 청하게 된다. 프랑스-카탈루냐 연합군이 조직된 것이다.

1648년, 베스트팔렌조약으로 인해 마침내 30년 전쟁은 마무리됐다.

하지만 스페인과 프랑스는 베스트팔렌조약 이후로도 전쟁을 계속했다. 한편 카탈루냐인은 프랑스 군대에 대해서 불만을 품게 됐다. 나중에는 스페인 왕실보다 더 지긋지긋해했다. 1652년, 이런 갈등을 틈타 카스티야의 펠리페 4세는 바르셀로나를 공격했다. 카탈루냐인은 펠리페 4세를 왕으로 섬기기로 했고, 펠리페 4세는 카탈루냐에 자치를 약속한다.

스페인-프랑스 사이의 전쟁은 1659년, 피레네조약에 의해 마침표를 찍는다. 피레네조약으로 인해 스페인은 로세욘Roussillon과 세르다냐Cerdanya 일부 등을 프랑스에 넘기게 된다. 이곳들은 피레네산맥에 있는 북부 카탈루냐 지역이다. 카탈루냐는 피레네조약으로 인해 북부 권역을 프랑스에 빼앗긴 셈이다.

1640년에 또 다른 반란도 있었다. 바로 포르투갈의 반란이다. 포르투갈은 1580년에 자치를 조건으로 스페인에 병합되는데 당시 스페인 왕인 펠리페 2세는 포르투갈 왕위를 겸임하게 된다. 60년간 이어진, 스페인-포르투갈의 이베리아 연합Unión ibérica이 결성된 것이다. 처음에는 포르투갈의 기존 체제가 존중받았다. 하지만 시간이 갈수록 포르투갈은 주기만 하는 존재가 됐고, 이에 신물이 난 포르투갈의 귀족 세력들이 반란을 일으키게 됐다. 1640년, 브라간사Bragança 공작이 주앙 4세로 등극하여 포르투갈 왕이 된 것이다. 스페인은 30년 전쟁에 온 정신이 쏠려 있던 터라 반란을 효과적으로 진압할 수 없었다. 결국 이 전쟁은 무려 28년 동안 지속됐고, 1668년 리스본 조약에 의해 종결지어진다.

스페인 왕위 계승 전쟁

17세기를 넘어 18세기가 됐다. 1700년 11월이었다. 합스부르크가 혈통인 스페인 왕 카를로스 2세가 사망한다. 카를로스 2세는 근친혼의 피해자(?)였는데 어려서부터 육체적·정신적으로 너무나 병약했다. 국정

운영도 당연히 제대로 되지 않았다. 탐욕스러운 정치인들의 꼭두각시가 됐고, '백치왕'이라는 별명까지 붙게 됐다.

자식이 없이 죽은 카를로스 2세는 프랑스의 루이 14세의 손자인 앙주Felipe de Anjou공 펠리페에게 왕위를 넘긴다는 유언을 남긴다. 루이 14세가 그의 매형이었기에 가능한 유언이었다. 절대왕정을 이룩한 루이 14세의 혈통이, 프랑스의 부르봉 가문이 스페인의 국왕까지 겸할 태세였다. 이를 그냥 바라만 보고 있을 합스부르크 가문이 아니었다. 카를 대공이 왕위 계승권을 요구했는데 그는 당시 오스트리아 레오폴트 황제의 아들이었다. 레오폴트 황제도 카를로스 2세의 매형이었기에 그런 요구를 할 수 있었다.

실제로 앙주공은 즉위하여 마드리드로 입성하고, 펠리페 5세가 된다. 이에 유럽 주요국들은 프랑스와 스페인의 연합왕국이 등장하는 것을 극도로 꺼리며 합스부르크 세력을 지지하게 된다. 또 이런 도식이 등장하게 됐다.

'부르봉 VS 합스부르크.'

1701년, 결국 터질 게 터졌다. 부르봉 왕조로 엮인 스페인, 프랑스 군대에 대항하여 오스트리아-합스부르크 제국을 비롯해 합스부르크를 지지하는 영국, 네덜란드, 포르투갈 등의 국가들이 서로 전쟁을 벌이게 된다. 이를 두고 '스페인 왕위 계승 전쟁(1701~1714)'이라고 부른다.

그럼 카탈루냐는 어떤 세력을 지지했을까? 오스트리아-합스부르크를 지지하게 된다. 마드리드가 속한 카스티야 지방과는 다른 선택이었다. 10년이 넘는 기간 동안 전쟁이 이어지다, 1713년에 위트레흐트조약이 체결되어 국가 간의 전쟁은 종결이 된다. 이 조약으로 펠리페 5세는 프랑스 왕위를 겸임하는 것을 포기하게 된다.

산타마드로나 성벽(Muralla de Santa Madrona)
바르셀로나를 방어하기 위해 만든 성벽. 구도심에 있다. 산타마드로나 성벽에 있는 산타마드로나 성문.

페르피냥 르 카스티예탑
페르피냥은 프랑스 남동부에 있는 도시로 북부 카탈루냐권에 속한 도시다. 1659년, 스페인과 프랑스가 맺은 피레네조약 이후로 프랑스 영토가 된다. 르 카스티예탑은 14세기경에 성문시설로 만들어졌는데 지금은 박물관으로 쓰이고 있다.

하지만 카탈루냐 지방에서는 화약 냄새가 계속해서 퍼져나가고 있었다. 국가 간 전쟁은 끝났지만 카탈루냐는 계속해서 합스부르크가를 지지하고 있었다. 이에 펠리페 5세는 바르셀로나를 함락시키고, 카탈루냐를 점령하기에 이른다.

치명타와도 같았던 스페인 왕위 계승 전쟁의 여파

스페인 왕위 전쟁의 결과는 카탈루냐인들에게는 치명타와 같았다. 독자적인 제도와 권한을 중앙정부에 몰수당했기 때문이다. 심지어는 카탈루냐어까지 사용이 금지되기에 이른다. 폭넓게 누리고 있었던 자치를 잃어버리고 중앙집권체제로 종속된 것이다. 이 부분은 같은 아라곤 연합 왕국을 이루고 있던 아라곤 지방, 발렌시아 지방, 마요르카 지방도 마찬가지였다.

참고로 이베리아반도 최남단에 있는 지브롤터가 영국령이 된 계기도 스페인 왕위 계승 전쟁 때문이었다. 지브롤터는 1704년에 영국에 의해 점령됐고, 이후 1713년부터 영국령이 되었다.

카탈루냐 사람들은 자신들이 스페인에 편입된 건 불과 300년 전의 일이라고 말한다. 그 300년은 스페인 왕위 계승 전쟁 종료 시점을 말하는 것이다. 그들은 최근 300년을 제외하고는 스페인과는 다른 길을 걸어왔다고 주장한다. 다른 정체성으로 독자적인 주권을 누렸다는 것이다. 그런 정서는 지금까지도 큰 위력을 발휘하고 있다. 2017년에 있는 '카탈루냐 공화국' 사건이 그 단적인 예이다.

수다성을 느긋하게 둘러보았다. 더운 여름날이라 땀을 한 바가지 쏟아냈지만 즐겁게 답사했다. 역사의 현장을 탐방하는 것은 언제나 즐거운 일이다. 하지만 너무 더웠다. 시원한 냉커피가 간절했다. 하지만 이곳에서는 한여름에도 커피는 뜨겁게 마신다. 얼음 동동 띄운 커피가 정말 그리웠!

1450년경 이베리아반도 지도
아직 남쪽에는 이슬람 그라나다 왕국이 존재하고 있다. 그라나다 왕국은 1492년에 멸망하고, 레콘키스타(국토회복운동)는 종료된다.

11 입헌공동군주제? 그런 말도 있어?
피레네산맥의 작은 나라 안도라

안도라베야
안도라의 수도 안도라베야.

바르셀로나 국제공항에 내렸다. 그간 마드리드 국제공항은 많이 이용했지만 바르셀로나 공항은 처음이었다. 서울도 그렇지만 바르셀로나의 여름도 만만치 않았다. 아니 무슨 6월 초순의 날씨가 이렇게 강렬한가! 이제껏 스페인, 포르투갈은 가을이나 겨울철에만 와서 그랬는지 이베리아반도의 여름 맛(?)은 처음이었다. 한국에서는 느껴보지 못한 뜨거운 뙤약볕이었다!

이후 바르셀로나 중앙역 옆쪽에 있는 터미널에서 버스를 타고 안도라Andorra로 이동했다. 총 비행시간이 16시간을 넘다 보니 버스를 타자마자 곯아떨어졌다. 확실히 비행기보다는 버스가 잠자기에 딱 맞았다. 덕분에 시차 적응이 빠르게 이루어졌다.

서울보다도 더 작은 안도라

안도라는 스페인과 프랑스 사이에 있는 피레네산맥에 있는 작은 나라다. 서울의 면적이 605km²이고, 안도라가 468km²이니 서울보다도 더 작은 곳이다. 인구는 2021년 기준으로 약 8만 명 정도에 달한다. 안도라의 공식 명칭은 안도라공국Principality of Andorra이다. 거칠게 말해 공작

성 에스테베 성당

로마네스크 양식으로 12세기에 지어졌다. 물론 그 이후로도 여러 번 개축을 했다. 안도라베야에 있는 유서 깊은 건물이다.

입헌공동군주제 청동판

입헌공동군주제를 표현한 청동판.
의회 건물로 쓰였던 카사 데 라 발(Casa de la Vall)의 한켠에 서 있다.

이 최고 수반이라는 뜻이다. 여기서 공작은 새가 아니라 백작, 공작할 때 그 공작이다.

그런데 왜 하필 안도라인가? 안도라와 스페인이 무슨 관계가 있나? 안도라는 스페인의 카탈루냐 지방과 크게 연관을 맺고 있는 곳이다. 공용어로 카탈루냐어를 사용하고, 심지어 카탈루냐 지방에 속한 우르헬이라는 도시의 주교가 안도라의 공동 수반으로 봉직하고 있을 정도다. 한편 이 책의 제목이 '재미난 스페인'이지만, 굳이 그 내용을 스페인으로만 한정시킬 필요는 없을 것이다. 스페인, 포르투갈은 물론 영국령 지브롤터와 피레네산맥의 안도라까지…. 이베리아반도 내에 있는 주권국 모두 내용에 포함된다.

스페인에서 안도라로 입국(?)하려면 검문소를 지나야 한다. 안도라가 솅겐 조약에 미가입했기 때문이다. 하지만 검문소에는 지키는 사람이 없었다. 대신 스페인에서 프랑스, 반대로 프랑스에서 스페인으로 넘어가는 차들이 많았다. 졸다가 깨보니 눈이 휘둥그레졌다. 차창 밖으로 피레네산맥의 산들이 위엄을 드러내고 있었기 때문이다. 왜 그랬는지 구례 읍내에서 공영버스를 타고 올라갔던 지리산 성삼재가 연상됐다. 피레네도 산 너머 산, 지리산도 산 너머 산…. 다를 거 없이 참 좋구나!

약 4시간 만에 안도라베야$^{Andorra\ la\ Vella}$에 도착했다. 다른 작은 나라들은 도시 국가 형태인 경우가 많지만, 안도라는 안도라베야라는 수도가 따로 있다. 수도답게(?) 이곳에는 이 나라 인구의 4분의 1인, 약 2만 명이 거주한다. 피레네의 험준함은 절정으로 치닫고 있었지만, 이곳 사람들은 그런 척박함을 이겨낸 듯이 보였다. 절벽 위에다 집을 짓고 마을을 지은 것이다. 안도라 사람들은 지반 공사하기도 어려운 땅에 그림 같은 집을 짓고 살고 있었다. 거주 기반이 스위스와 비슷해 보였다. 하긴 안도라베야는 해발 약 1,023m에 자리 잡고 있다. 유럽에서 가장 높은 곳에 있는 수도다.

입헌군주제는 알겠는데, 입헌공동군주제?

안도라는 스페인과 프랑스라는 두 개의 큰 나라에 끼어있는 작은 나라다. 그래서인지 입헌공동군주제라는 아주 독특한 방식의 정치 체제로 운영된다. 입헌군주제는 알겠는데 입헌공동군주제라니! 안도라는 프랑스 대통령과 스페인의 카탈루냐 지방인, 우르헬 교구의 주교가 공동으로 최고 권력 수반을 이루고 있다. 안도라의 건국이 13세기였으니, 중세 시기에 프랑스 측에서는 왕이 대표자였고, 현재는 대통령이 그 임무를 수행하고 있다. 스페인 측에서는 계속해서 우르헬 교구의 주교가 대표자였다. 이를 두고 입헌공동군주제라고 부른다. 물론 안도라에는 현재 총리가 실질적으로 국정을 총괄하고 있다.

여기서 궁금한 게 있다. 스페인의 주교는 논외로 치고, 프랑스의 왕이 어떻게 공국의 수반이 될 수 있을까? 겸임하면 가능하다. 왕^{king}이 공작^{duke}도 겸임하는 것이다. 예를 들면, 태양왕이라고 불린 루이 14세는 프랑스의 국왕이자 안도라의 공작이 된다. 중세 시기였다. 노르망디 상륙작전의 배경지로 유명한 프랑스 북부 노르망디에 공국이 있었다. 바이킹이라고 불렸던 북유럽인들이 세운 노르망디 공국이었다. 그런데 노르망디 공국의 공작은 영국에서는 국왕이었다. 정리하면 노르망디 공국의 수장은 프랑스에서는 공작, 영국에서는 왕이었다.

안도라는 1993년까지 헌법도 없었다. 규모가 작고, 인구도 적어서 헌법 없이도 통치할 수 있었으리라. 1993년까지는 공동군주제였고, 이후로는 헌법이 제정되어 입헌공동군주제라는 현재와 같은 정치 체제로 발돋움한 것이다. 그해에 UN에 가입하기도 했다.

입헌공동군주제는 생존을 위한 안도라만의 생존법

안도라의 기원은 프랑크 왕국의 샤를마뉴대제 시기로 거슬러 올라간다. 샤를마뉴대제는 이슬람 무어인들의 북상을 막기 위해 피레네산맥 일대에 에스파냐 변경령을 설치한다. 에스파냐 변경령은 프랑스 남부 지역을 방어하는 마지노선 역할을 했다.

다수의 변경령이 설치가 됐는데 우르헬 백작령도 그중 하나였다. 우르헬 백작이었던 보렐 2세는 안도라의 통치권을 우르헬 교구로 넘겼다. 우르헬 교구는 말 그대로 가톨릭의 일개 교구일 뿐이었다. 실질적으로 지역의 방위를 할 수 있는 물리력이 필요했다. 이에 우르헬 교구는 통치권 일부를 유력 가문에게 넘기게 됐고, 그 통치권은 돌고 돌아 결국에는 프랑스 남부의 푸아 백작이 행사하게 됐다. 1278년, 푸아 백작과 우르헬 주교는 합의에 따라 안도라의 공동통치자로 나서게 된다.

스페인 측은 가톨릭 교구이기에 그 주체가 변함이 없었지만, 프랑스 측은 세속 정치에 얽여 부침이 많을 수밖에 없었다. 격변기에는 프랑스 측 공작이 공석이 되기도 했다. 또한 대혁명과 파리코뮌 같은 엄청난 대격변을 겪으며 봉건제를 폐지 시킨 프랑스인데, 정작 안도라에서는 공화국의 대통령이 공작이 되는 특이한 상황이 연출되기도 하는 것이다.

어떻게 이런 정치 체제가 800년도 넘게 이어질 수 있었을까? 프랑스와 스페인이라는 강대국 사이에서, 더군다나 피레네라는 척박한 자연환경에서 살아남아야 했던 안도라 사람들의 절박함이 그런 독특한 정치체제를 만들고, 유지한 것이 아닐까?

한 가지 아쉬운 점이 있었다. 안도라공국이라는 명칭 때문에 살짝 중세풍의 도심 풍경을 기대했다. 하지만 안도라는 현대적인 건물이 주를 이루고 있었다. 물론 옛 건물들도 있었지만.

안도라는 쇼핑과 레저·스포츠산업이 발달했다. 거의 모든 품목이

피레네의 강물
우렁찬 물소리를 듣고 있자니 번뇌와 집착들이 싹 다 씻겨나가는 듯했다.

안도라
스페인과 프랑스에 끼어 있는 안도라의 모습을 빗댄 것 같은 표지판.

무관세라서 쇼핑의 천국이라고 불리기도 한다. 고지대에 있고, 눈도 많이 내리다 보니 스키를 타러 오는 사람들이 많다. 또한 카지노로도 유명한 곳이다.

피레네산맥에서 발원한 강물에 번뇌와 집착을 실어 보내며

상류라서 그런지 강물이 엄청난 속도로 흐르고 있었다. 발리라 오리엔트Valira d'orient라고 불리는 강이었는데 그냥 계곡 같아 보였다. 어쨌든 그렇게 유속이 빠른 도심지 강물은 처음 봤는데 물소리가 아주 시원했다. 그 물소리를 듣고 있자니 예전에 천왕봉을 다녀온 후 거닐었던 지리산 대원사 계곡이 떠올랐다. 전날 비가 와서 그랬는지 그때 대원사 계곡은 우렁찬 소리를 내며 흐르고 있었다. 한참을 계곡에 앉아 물소리를 들었었다. 계곡물 소리가 번뇌와 집착을 싹 씻어주는 듯했다. 그날의 지리산 대원사 계곡물 소리처럼 우렁찬 피레네 강물 소리에 귀가 다 시원해졌다. 시차에서 오는 피로감이 싹 다 날아가는 듯했다.

피레네 강물 소리에 번뇌와 집착이 씻겨 내려갔던 것일까? 그날은 안도라에서 아주 잘 잤다. 바르셀로나처럼 덥지도 않았다. 역시 피레네산맥!

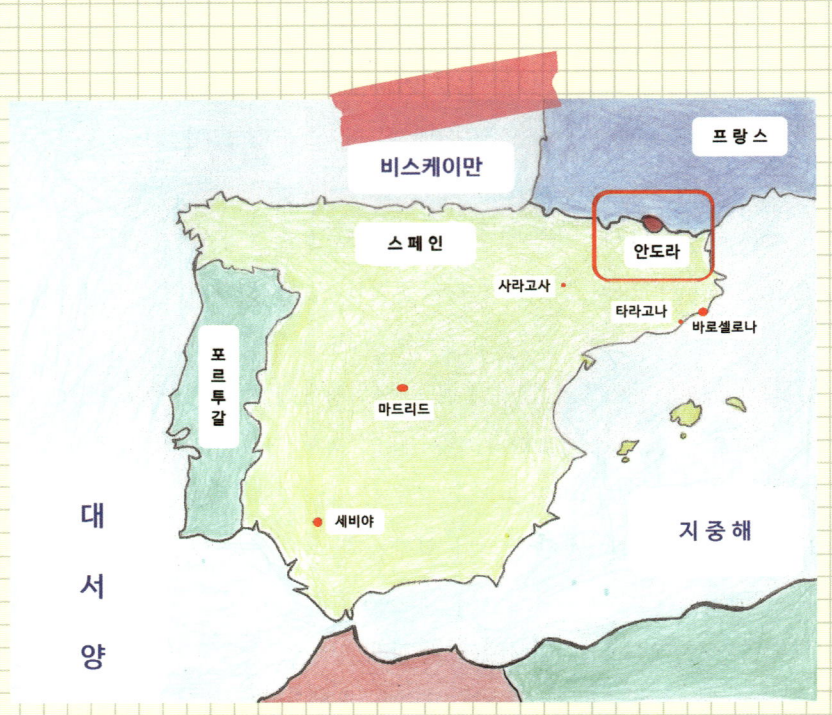

안도라 지도
시각적 효과를 위해 원래 크기보다 더 크게 표기했다.

12 마을버스를 타고 들어간 이비아
프랑스 땅에 왜 스페인 영토가 있어?

이비아
이비아성에서 바라본 모습. 하단 중앙에 천사성모성당이 보인다.

유럽을 여행할 때 가장 인상 깊었던 건 고풍스러운 건축물도, 아름다운 자연환경도 아니었다. 바로 국경 넘기였다.

필자에게 기존의 국경이란 절대 넘을 수 없는, 그런 공간이었다. 날카로운 철조망이 2단으로 쳐져 있고, 각종 감시장비가 빽빽이 운영되어 있던 곳. 긴장감, 살벌함, 매서움 등등. 이런 이미지가 뇌리에 박힐 수밖에 없었던 건, 필자가 군복무를 DMZ 부근에서 했기 때문이다. 날카로운 가시가 박힌 철책선이 국경선이었고, 그 철책선은 절대 넘어서는 안 되는 금지된 선이었다.

전날 피레네산맥에 자리 잡은 작은 나라, 안도라에서 1박을 했다. 공기가 좋은 곳에서 잠을 잤더니 얼굴에 생기가 도는 듯했다. 물론 아침에 거울을 봤을 때는 어김없이 오징어(?) 한 마리가 불쑥 튀어나왔지만.

프랑스에 있는 스페인 영토, 이비아

이번에 탐방할 곳은 이비아Llivia라는 곳이다. 리비아? 북아프리카에 있는? 아니다. 영어로 읽으면 '리비아'가 맞지만 스페인어로는 '이비아'로 발음한다. 안도라는 어찌어찌해서 이름을 들어본 분들이 있을 테지만 이비아는 금시초문이라는 반응이 대다수일 것이다. 이비아도 안도라처럼 피레네산맥 동쪽에 자리 잡고 있는데 두 도시는 약 50km 정도 떨어져 있다. 그래서 두 지역을 묶어서 탐방할 수도 있다.

그런데 그 낯선 이비아에는 뭐 하러 갔는가? 이비아의 독특한 지정학적 위치 때문에 갔다. 이비아는 프랑스 영토 안에 있는 스페인 땅이다. 혹시 칼리닌그라드라는 지명을 들어보셨는가? 칼리닌그라드는 폴란드 동북쪽 국경과 면해 있는 곳으로 러시아의 고립영토다. 바닷길을 제외하고, 칼리닌그라드에서 러시아 본토로 가려면 리투아니아와 벨라루스를 거쳐 가야 한다. 이렇듯 다른 나라에 둘러싸여서 본토와 외떨어진 영토를 고립영토라고 부른다. 스페인에 둘러싸여 있는 영국령 지브롤터도 대표적인 고립영토다. 또한 북아프리카 모로코 영토에 둘러싸인 세우타와 멜리야도 스페인의 고립영토다.

그래도 칼리닌그라드와 지브롤터는 바다와 면해 있어 바닷길로 본토에 닿을 수 있다. 세우타와 멜리야도 마찬가지로 여객선을 타면 스페인 본토에 도달할 수 있다. 하지만 이비아는 무조건 프랑스 땅 2km를 거쳐야만 도달할 수 있다. 이게 참 재밌는 게 어쨌든 국경을 넘는 거라 스마트폰 통신사가 달라진다.

마을버스를 타고 들어간 이비아

이비아는 필자 같은 뚜벅이 여행자들이 쉽게 갈 수 있는 곳은 아니다. 그래서 일부러 여행 초기에 배치해서 찾아갔다. 먼저 안도라에서 스페인의 라세우두르젤La Seu d'Urgell로 갔고, 다시 프이그세르다Puigcerdà라는 도시로 이동했다. 익숙하지 않은 지명들이라 눈에 잘 들어오지 않을 것이다. 사실 필자도 두 도시의 이름을 발음하기가 버겁다. 차라리 안도라Andorra는 세 글자로 떨어져서 발음하기가 편하기라도

하지. 이렇게 유명하지 않은 외국 답사지를 각인시키기가 쉽지 않다. 이런 어려움은 이 책을 쓰는 내내 필자의 어깨를 무겁게 내리눌렀다.

긴장을 풀고 찬찬히 살펴보자. 라세우두르젤은 안도라 편에서 언급이 됐었다. 안도라는 입헌공동군주제라는 독특한 형태의 정치체제를 가지고 있는데 프랑스 대통령과 스페인의 우르헬 교구의 주교가 그 공동군주들이다. 그 우르헬 교구가 있는 도시가 바로 라세우두르젤이다. 프이그세르다는 프랑스 국경과 맞닿아 있는데 이비아로 가기 위한 베이스캠프(?)로 제격인 곳이다.

안도라 → 라세우두르젤 → 프이그세르다 → 프랑스 영토(유흐 / 부흑-마담므) → 이비아

복잡해 보이지만 거리가 그리 길지 않았다. 총이동 거리는 약 70km 정도이다. 스페인 영토인 프이그세르다에서 버스를 갈아타고 프랑스 땅을 넘어 이비아로 갔다. 갈아탄 버스는 우리나라로 치면 마을버스 정도였다. 국경을 넘는 버스인데도 아주 소박하고 정감 있어 보였다. 프이그세르다에서 이비아까지 프랑스 영토 내에서 직선으로 도로가 연결되는데 그 도로를 중심으로 동쪽에 있는 동네가 부흑-마담므$^{Bourg-Madame}$이고, 서쪽에 있는 동네가 유흐^{Ur}이다.

이비아는 마을이 아닌 도시, 이비아가 스페인에 남은 이유

이비아의 지정학적인 위치를 알기 위해서는 세르다냐^{Cerdaña}라는 지역을 알아야 한다. 스페인에 속한 이비아와 프이그세르다는 물론 프랑스령인 유흐와 부흑-마담므도 세르다냐에 속하기 때문이다. 세르다냐는 전체 면적이 1,086km²로 인천광역시(1,067km²) 정도의 크기다. 지

금은 남북이 갈려 있는데 남쪽은 스페인 영토로 바이샤 세르다냐$^{Baixa\ cerdanya}$로 북쪽은 프랑스 영토로 알타 세르다냐$^{Alta\ cerdanya}$로 불린다. 그 프랑스 세르다냐 지역 속에 스페인의 이비아가 자리 잡고 있다.

종교전쟁이라고 불렸던, 30년 전쟁이 베스트팔렌조약으로 종결됐음에도 스페인과 프랑스는 계속 전쟁을 이어갔다. 그러다 1659년, 피레네조약에 의해서 종전을 하게 됐는데 이때 스페인은 세르다냐 북부지역을 프랑스에 넘겨주게 된다. 협정을 통해 프랑스는 북쪽 세르다냐의 33개 마을을 획득하게 됐다. 하지만 이비아는 제외되는데 스페인 측에서 이비아가 '마을^{village}'이 아닌 '도시^{town}'라고 주장했기 때문이다.

피레네조약을 통해 프랑스가 얻은 영토를 생각해보면 이비아는 작은 규모였다. 챙긴 전리품이 두둑한데 굳이 타운 하나 때문에 전쟁을 이어나갈 필요가 없었다. 그렇게 해서 이비아는 스페인 영토로 남게 됐다.

이비아는 부메랑 같은 모습을 하고 있는데 크기가 약 12.9km^2 정도로 서울의 금천구(13km^2)와 비슷한 규모다. 인구는 2023년 기준으로 약 1,500명 정도에 달한다. 행정구역은 카탈루냐 지방, 지로나주(州)에 속한다.

이비아성에 올라 주위를 살펴보니

사실 이비아는 로마 시대부터 그 중요성이 드러난 곳이었다. 이름도 이곳에 주둔했던 로마의 장군인 율리아 리비카$^{Julia\ Lybica}$에서 따온 것이다. 이비아는 한때 세르다냐의 도읍지 역할을 했다.

이슬비가 내리기 시작했다. 중심가를 지나니 언덕을 향해 자리 잡은 천사성모 성당이 보였다. 이 성당은 16세기에 완성됐는데 도시의 상징이라고 해도 과언이 아닐 정도로

풍채가 당당했다. 성당의 입구에는 베르나드타워라는 탑이 자리 잡

천사성모성당과 베르나드 타워
천사성모성당(Church of Our Lady of the Angels)과 베르나드 타워(Bernard So Tower) 성당과 타워는 인접해 있지만 별개의 건물이다. 타워는 감옥으로도 쓰였다고 한다.

이비아성
많은 부분이 폐허로 남아 있다.

고 있는데 이 탑이 있어 성당의 외형이 더 다채로워 보였다.

이비아 탐방의 정점인 이비아성castell de Llivia에 올라 주위를 살펴보았다. 이비아성은 상당 부분 파괴되어 있었다. 하지만 정상부에 올라서니 주위 풍광을 한눈에 다 볼 수 있었다. 로마 시대부터 오랫동안 왜 이곳이 요충지였는지 짐작해 볼 수 있었다.

분명 피레네산맥에 자리를 잡고 있지만, 그 일대는 큰 평원을 이루고 있었다. 이곳이 피레네가 맞나 싶을 정도로 널찍한 공간이 펼쳐지고 있었다. 마치 피레네의 고봉들이 평원을 숨겨놓고 있는 형상이었다. 평원과 고봉들을 동시에 볼 수 있었던 꽤 흥미로운 순간이었다. 그런 굉장한 풍광들이 이슬비와 함께 눈앞에 펼쳐지고 있으니 약간은 비현실적인 느낌이 들었다.

국경 같지도 않은 국경을 마을버스로 넘으며

DMZ에서 보초를 설 때였다. 어둠이 거치고 여명이 밝아올 무렵, 철책선 건너편에서 바스락바스락 소리가 들렸다. 소총에 힘을 꽉 쥐고, 초소를 나와 철책선 너머가 더 잘 보이는 곳으로 이동했다. 침투조인가? 아니었다. 멧돼지들이었다. 한 마리가 아니라 가족 단위였다. 먹이를 찾아 철조망 앞에 옹기종기 모여 있었다. 나중에는 고라니들도 보였다. 말 그대로 DMZ는 야생동물들의 천국이었다. 야생동물들은 자유롭게 DMZ 일대를 누비는데 왜 인간들은 날카로운 철책선으로 금을 그어 서로를 분리시키는가?

국경 같지도 않은 국경을 마을버스로 넘으며 필자의 20대 시절을 되돌아봤다. 프랑스에 있는 스페인의 고립영토 이비아에서!

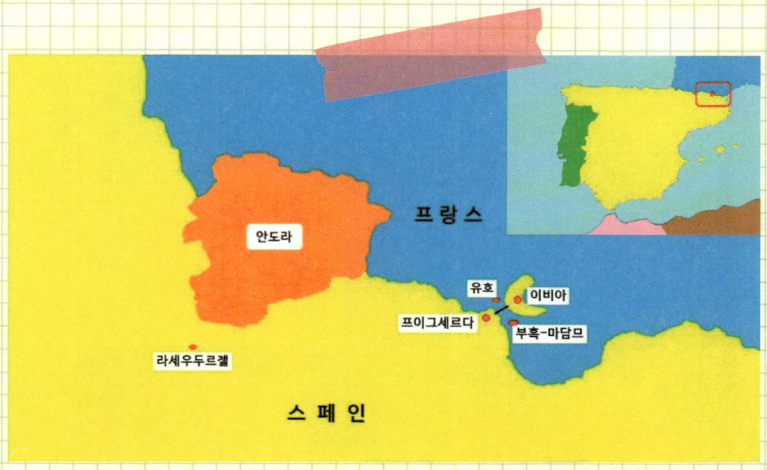

이비아 지도

재미난 정보

칼리닌그라드

발트해에 접한 러시아 영토로 대표적인 비지이다. 남쪽으로는 폴란드, 동북쪽으로는 리투아니아, 서쪽은 발트해와 면해있다. 세우타, 지브롤터처럼 통상 고립영토들은 크기가 작다. 하지만 칼리닌그라드는 면적이 15,125km²로, 강원도(16,830km²)만 하다. 결코 작은 면적이 아니다.

칼리닌그라드는 소련 시절에는 본국과 떨어지지 않았다. 이후 소련이 해체됐고, 발트해 3국(리투아니아, 라트비아, 에스토니아)이 1991년 9월에 독립하게 된다. 이 시기부터 칼리닌그라드가 고립됐으니 세우타나 지브롤터보다는 이력이 그리 길지 않은 셈이다.

1990년 10월, 독일이 통일될 때였다. 당시 독일 정부는 칼리닌그라드의 영유권을 주장하지 않겠다는 뜻을 구소련 측에 전했다. 사실 칼리닌그라드는 동프로이센 땅이었다. 동프로이센은 독일 제국의 통일에 큰 역할을 했었는데 이때 칼리닌그라드는 쾨니히스베르크로 불렸고, 동프로이센의 중심지였다. 이곳은 철학자 이마누엘 칸트의 고향이기도 하다. 여기서 말하는 독일 제국의 통일은 1990년이 아닌 1871년을 말하는 것이다. 이 당시 독일 제국의 통일을 주도한 인물은 철혈재상이라고도 불렸던 비스마르크였다.

    러시아는 칼리닌그라드를 애지중지한다. 이곳이 몇 안 되는 부동항이기 때문이다. 현재 러시아 발트함대 사령부가 주둔해 있다.

13 게르니카에서 〈게르니카〉를 봤다!
스페인 내전과 게르니카

〈게르니카〉
게르니카에서 본 피카소의 〈게르니카〉. 원본은 마드리드에 있는 레이나 소피아 국립미술관에 있다.

스페인에 대해서 잘 모를 때였다. 그래도 유럽 역사에 관심이 있어서, 게르니카^{Gernika}에서 일어난 학살사건은 알고 있었다. 1937년 스페인 내전 당시였다. 프랑코 군대를 돕기 위해 나치 독일의 공군기들이 게르니카를 폭격했는데 이를 두고 게르니카 학살이라고 부른다.

나중에 지도를 찾아보았다. 바르셀로나를 위시한 카탈루냐 지역을 쭉 훑어봤다. 아무리 찾아도 없었다. 프랑코 군대에 반대한 인민전선이 바르셀로나를 임시수도로 정할 만큼 카탈루냐 지역은 반프랑코 정서가 강한 곳이었다. 그러니 당연히 게르니카도 카탈루냐 지역에 있는 줄 알았다. 그런데 아니었다. 북부 바스크 지역에 있었다. 구겐하임 미술관이 있는 빌바오의 옆 동네가 바로 게르니카였다. 이게 무슨 창피인가.

스페인의 몰락과 군사 반란

스페인은 1898년, 미국과의 전쟁에서 패한 후 그나마 남아 있던 식민지들까지 잃게 된다. 미국에 푸에르토리코, 필리핀, 괌을 넘겨줬고, 쿠바는 독립한다. 한때 '해가 지지 않는' 제국에서 유럽 변방으로 완전히 몰락한 것이다. 그 후로도 스페인은 내외적으로 극심한 혼란을 겪었다.

1923년 9월에 바르셀로나에서 쿠데타가 일어난다. 그 유명한(?) 프란시스 프랑코가 군사 반란을 일으켰는가? 아니다. 미구엘 프리모 데 리베라Miguel Primo de Rivera라는 카탈루냐 주둔군 사령관이 군대를 동원했다. 총리에 오른 리베라는 독재 정치로 자유를 억압하기에 이른다. 하지만 일정 정도 경제발전을 이루게 된다. 당시 왕이었던 알폰소 13세는 리베라의 독재 정치를 슬쩍 눈감아 주었다.

짧은 호황기도 그리 오래가지 못했다. 1929년, 미국에서 경제 대공황이 발생했고 그 여파가 대서양 건너 스페인에도 퍼지게 된다. 독재 정치에 대한 반감, 악화하는 경제상황 등등. 여러 악재가 겹치자 리베라는 사임하게 된다. 이때가 1930년 1월이었다. 그는 프랑스로 망명했는데, 사임한 지 두 달도 되지 않아 파리의 한 호텔에서 병사했다.

리베라가 집권하던 1920년대, 유럽에서는 파시즘이 전염병처럼 퍼지고 있었다. 아니나 다를까 군사독재를 이끌던 리베라도 파시즘을 동경했다. 실제로 그는 이탈리아에 가서 당시 파시스트당을 이끌고 있던 베니토 무솔리니와 회담을 한다. 이때 리베라는 존경의 의미로 무솔리니에게 두체duce라고 칭하게 된다. 두체는 '총통' 혹은 '수령'으로 쓰이기도 하고, '공작'이라는 의미도 담고 있다.

미구엘 프리모 데 리베라가 사망한 후, 3년 뒤인 1933년이었다. 그의 아들인 호세 안토니오 프리모 데 리베라José Antonio Primo de Rivera가 팔랑헤Falange라는 파시스트 정당을 결성한다. 그는 팔랑헤를 통해서 아버지의 이념을 계승하려고 했다. 1936년 7월, 스페인 내전이 발발했는데 이때 호세 안토니오 프리모 데 리베라는 공화파 정부에 의해 체포됐다. 군사 반란을 사주했다는 죄목이었는데 결국 그는 1936년 11월에 총살됐다. 팔랑헤의 유산은 군사 반란의 지도자인 프랑코가 계승했다. 프랑코는 이념과 정책을 뒷받침해 줄 파시스트 정당을 발밑에 두고 공화파 정부에 총부리를 겨누었다.

불안한 정국, 스페인 내전이 발발하다

1931년 4월, 놀라운 일이 벌어졌다. 국왕 알폰소 13세가 이탈리아로 망명을 한 것이다. 같은 달에 있었던 선거에서 군주정 폐지를 선언한 좌파 세력이 승리했기 때문이다. 4월 14일에 제2공화국이 선언됐고, 알폰소 13세는 스페인을 떠나게 된다. 이로써 스페인 부르봉 왕조의 약 230년간의 통치는 막을 내린다. 하지만 완전히 끝은 아니었다. 프랑코가 사망한 후 다시 부르봉 왕조가 부활했기 때문이다.

1930년대에도 혼란이 멈추지 않았다. 1931년 좌파, 1933년 우파, 1936년에는 다시 좌파가 집권하게 된다. 이때 각각의 집권 세력들은 전임 정부의 정책들을 되돌려 놓았다. 예를 들면 당시 초미의 관심사였던 농지법은 '좌파정책 → 우파정책 → 좌파정책'으로 마치 실타래가 꼬이듯, 꼬이게 된다.

이런 혼란을 틈타 군부가 13년 만에 다시 쿠데타를 일으킨다. 스페인 내전이 발발한 것인데 이때가 1936년 7월 17일이었다. 좌파 세력이 인민전선을 결성하여 선거에서 승리한 지 5개월이 지난 때였다. 동남아시아도 마찬가지인데 스페인 사례처럼 한 번 쿠데타가 일어나면 계속 일어나게 된다. 그러니 애초부터 그 뿌리를 싹 뽑아버려야 한다.

스페인 내전 초기에 군부는 남북 중심으로 작전을 펼쳤다. 당시 아프리카 지역 사령관인 프란시스코 프랑코Francisco Franco는 남부 안달루시아 지역에 상륙하여 북쪽으로 진군했다. 반대로 나바라 주둔군 사령관인 에밀리오 몰라Emilio Mola는 북쪽인 팜플로나에서 남쪽으로 진격했다.

남북으로 치고 오던 군사 반란군들이 서로 연결됐고, 수도인 마드리드를 공격하게 된다. 하지만 공화국 지지자들이 버티고 있던 마드리드는 쉽게 함락되지 않았다. 이에 프랑코는 마드리드를 남겨두고, 북부 지역

전시물
스페인 내전 당시의 모습을 담은 전시물들.

거대 대피소(Large figure in a shelter)
거대 대피소라는 명칭의 작품. 게르니카와 어울리는 작품이라고 생각된다. 대성당 인근에 있는 파블로 유로파 공원에 있다. 팔레스타인에 자유를!(free Palestine!)

공세에 주력한다. 공화국의 세력 범위에 있던 북부 지역들이 차례차례 반란군들에게 함락됐다. 이 시기에 게르니카 학살도 발생하게 된다. 그때가 1937년 4월 26일이었다.

국제전이었던 스페인 내전

'내전'이라는 말이 무색할 정도로 스페인 내전은 국제적이었다. 독일과 이탈리아가 프랑코 군대를 위해 참전했다. 반면 소련과 멕시코가 공화국군을 지원했다. 이와 별도로

세계 각국에서 온 의용병들이 국제여단이라는 이름으로 공화국을 위해 싸웠다. 『동물농장』, 『1984』로 유명한 영국의 소설가 조지 오웰도 파시스트들과 싸우기 위해 총을 들었다. 조지 오웰은 전투 중에 총상을 입기도 했는데 그런 스페인 내전의 경험을 담아 『카탈루냐 찬가』라는 기념비적인 책을 출간하게 된다.

조지 오웰 외에도 앙드레 말로, 존 콘포드와 같은 문인들이 직접 참전했다. 또한 알베르 카뮈, 생텍쥐페리, 파블로 네루다, 루이 아라공, 어니스트 헤밍웨이 등등 수많은 예술가가 공화국 정부에 지지를 보냈다.

하지만 나치 독일은 게르니카에 중무장한 폭격기와 전투기를 보냈다. 폭격으로 인해 수많은 희생자가 발생했고, 많은 시설물이 파괴됐다. 당시 공화국 측에서는 1,600명 정도가 사망했다고 발표했다. 평화로웠던 작은 도시가 한순간에 지옥으로 변한 것이다.

그럼 왜 독일은 게르니카를 공습했을까? 새로 개발한 전략 무기들을 테스트하기 위해서였다. 신무기들의 파괴력을 확인하기 위해 무고한 게르니카 시민들을 희생시켰다. 게르니카 공습이 있고, 약 2년 뒤에 제2차 세계대전이 발발했다.

게르니카에서 〈게르니카〉를 보다!

〈게르니카〉는 피카소가 공화국의 요청으로, 스페인 내전 중에 그린 작품이다. 피카소는 게르니카에서 벌어진 만행을 화폭에 담아 전쟁의 비참함을 널리 알리고자 했다. 그런데 당시 파리에서 활동하고 있던 피카소는 프랑코가 집권하는 한 조국으로 〈게르니카〉를 보낼 수 없다며, 미국에 그림을 맡겨버렸다. 다만 한 가지 조건이 있었다. 조국 스페인에 자유와 민주주의가 회복되면 돌려보낸다는 조건이었다.

40년 넘게 미국 뉴욕 현대미술관에서 '타향살이'를 했던 〈게르니카〉는 드디어 1982년, 고향으로 돌아올 수 있었다. 영원할 거 같던 프랑코의 철권통치가 1975년, 그의 죽음으로 막을 내렸기 때문이다. 그 후 스페인은 발 빠르게 민주화로 나아갔다. 그림의 반환에 스페인 국민은 크게 환호했다. 전 세계 사람들도 관심 있게 지켜보았다. 스페인이 오랜 독재체제에서 벗어나 민주주의 사회로 거듭났음을 알리는 순간이었다.

빌바오에서 게르니카로 향하는 전철을 탔다. 약 50분 정도 걸렸는데 바깥 풍광이 예뻐서 지루하지 않았다. 드디어 게르니카에 도착했다. 게르니카는 아담했지만 활기차 보였다. 현재의 게르니카에는 스페인 내전 당시의 상흔이 크게 남아 있지는 않았다. 거의 다 복구가 된 거 같았다. 사실 서울도 한국전쟁을 혹독히 겪었지만 지금 서울에 한국전쟁 때의 상흔이 남아 있는 장소가 거의 없지 않은가? 대신 게르니카 시내 곳곳에 조형물을 설치하여 그때의 기억을 간직하고 있었다.

그렇게 곳곳을 탐방하다 〈게르니카〉 벽화 앞에 섰다. 드디어 벽화를 친견하게 됐다. 피카소가 그린 오리지널 〈게르니카〉는 마드리드에 있는 레이나 소피아 국립 미술관에 전시되어 있고, 이 벽화는 복제품이다. 어쨌든 복제한 것이지만 게르니카에서 〈게르니카〉를 보게 됐다.

게르니카 대성당 위쪽에 유러파 공원이라는 곳이 있다. 대성당도 당

게르니카 대성당
스페인 내전 이후에 복원됐다. 복원된 부분의 벽돌은 기존 벽돌과는 색깔이 다르다

시 폭격의 참화에서 벗어나지 못했다. 크게 훼손이 됐고 이후에 복구하게 된다. 그래서 아랫돌과 윗돌의 색깔이 다르다.

　공원이 조용하고 쾌적해서 산책하기에 적당했다. 야외 조형물들도 세워져 있었는데 동네가 동네인 만큼 모두 평화를 주제로 하고 있었다. 한적한 공원에서 산책하다 보니 여행에서 온 피로가 사라지는 듯한 느낌이 들었다. 평화로운 느낌도 들었다. 그렇게 게르니카에서 평화의 느낌을 받게 됐다.

게르니카 지도

14 아빌라성과 한양도성
둥근 성곽이 이렇게 예쁠 수가 있어?

아빌라성
둥그런 타워가 도열하듯 서 있다. 푸른하늘과 흰구름, 그리고 제비들이 서로 어우러진 모습이다.

한참 성곽 답사를 다닌 적이 있었다. 일단 집과 가까운 한양도성을 주로 탐방하며 '답사 근육'을 길렀다. 서울 안쪽에 있는 4개의 산을 둘러 만든 한양도성은 그 길이가 무려 18.6km에 달한다. 그 4개의 산은 북쪽 북악산, 서쪽 인왕산, 남쪽 남산, 동쪽 낙산이다. 낙산은 처음 들어보시는가? 일품 야경을 자랑하는 낙산공원이 있는 곳이 바로 낙산이다. 모두 다 산책하기에 좋은 산들이라, 필자가 행하는 '역사트레킹 서울학개론' 프로그램의 에이스 역할을 해주는 고마운 곳들이다.

다음으로는 북한산성, 아차산성, 탕춘대성, 호암산성 같은 서울에 소재한 산성들을 탐방했었다. 이렇듯 서울의 성들을 탐방하면서 종종 이런 대화들을 했다.

"서울에도 성이 꽤 많네요."
"그렇죠. 우리나라로 넓혀보면 더 많아요. 무려 2,000개나 됩니다."
"네? 2,000개요?"
"그래서 우리나라를 성의 나라라고도 부를 수 있답니다."

이 대목에서 수강생분들은 한결같이 놀라는 표정을 지으신다. 우리

나라에 이렇게 성들이 많이 축조된 건 전란이 많았기 때문이다.

세계문화유산 아빌라성

그런데 스페인도 둘째가라면 서러울 정도로 성(城)이 많은 곳이다. 특히 중앙에 자리 잡은 카스티야Castilla는 명칭 자체가 '성'을 뜻하는 카스티요castillo에서 나온 것이다. 11세기 카스티야 왕국의 수도였던 부르고스Burgos도 이름 자체가 '성'이다. 카스티야 지역은 광활하게 펼쳐진 메세타 평원에 자리 잡고 있다. 지리적으로 방어에 취약할 수밖에 없는 구조다. 그래서 곳곳에 성을 쌓아 방어력을 높이려 했다. 더군다나 카스티야가 이슬람 세력과의 전쟁에서 선봉장 역할을 했던 터라 더더욱 많은 수의 성을 축조할 수밖에 없었다.

마드리드에서 약 1시간 30분 정도 기차를 타고 아빌라Ávila로 이동했다. 아빌라는 마드리드에서 약 110km 정도 떨어져 있는데 그곳에 아빌라성Walls of Ávila이 있다. 아빌라성은 중세시대에 축조되어 구도심을 감싸고 있는데 그 형태가 잘 보존되어 있다. 그래서 1985년에 유네스코 세계문화유산에 등재되었다.

우리나라 성들도 그렇지만 스페인의 성들도 훼손되어 방치된 곳들이 많다. 도심지의 확장이라는 불가피한 상황에 직면하면 성체부터 훼손될 수밖에 없다. 더군다나 스페인의 성들은 사방이 뚫려 있는 평지성들이 대부분이라 도시가 확장하려면 필연적으로 성곽을 깨고 나가야 한다. 하지만 아빌라성은 지금도 성문을 닫고 농성전을 할 수 있을 정도로 성채가 온전하게 보존되어 있다.

사실 아빌라는 두 번째 방문이었다. 처음 방문했을 때는 어떻게 성채가 축조됐는지를 중점적으로 살펴보았다. 서양의 성들은 주로 협축법으로 성채를 쌓는데 아빌라성도 협축법으로 제작되었다. 직접 올라가서 좁

알카사르 문(Puerta del Alcazar)
양옆에 측면 타워가 있어 문의 격조를 높여주고 있다.

아빌라성
성 안쪽에서 바라본 모습. 협축법으로 지어져서 성곽길 양옆은 낭떠러지가 된다.

14 아빌라성과 한양도성

은 성곽길을 걸어보았다. 성곽길을 걷는데 돈을 받네! 우리 한양도성은 공짜인데!

한양도성은 편축법, 아빌라성은 협축법

아빌라성처럼 평지에 만들어진 성은 협축법(夾築法)으로 축조된다. 협축법은 성벽을 큰 담장처럼 높게 쌓아 성 안팎을 확연하게 구분한다. 높은 담장처럼 쌓다 보니 위에서 내려다보면 성곽길은 좁을 수밖에 없다. 외형상 성 안쪽도 낭떠러지, 성 바깥쪽도 낭떠러지처럼 보인다. 주로 평지에 만들어진 유럽의 도시 성벽들이 협축법으로 만들어졌는데 중국의 만리장성과 충북 보은에 있는 삼년산성도 협축법으로 제작되었다.

이와 달리 한양도성은 편축법(片築法)으로 축성되었다. 편축법은 한쪽만 성체를 쌓은 것을 말하는데 산지가 많은 우리나라의 지형 조건에 부합되는 축성 방식이다. 협축법으로 쌓인 성들이 안쪽과 바깥쪽 모두 다 낭떠러지라면 편축법은 바깥쪽만 낭떠러지다. 한쪽만 쌓으니 돈도 덜 들고, 공기도 단축된다. 얼마나 좋은가. 또한 편축법은 지형과 합치되는 방식이기에 성체가 자연 일부로 녹아든 형상을 보인다. 편축법은 산자락을 이용하여 축조되는 경우가 많아서 그런지 주로 산성의 형태로 나타난다. 대표적으로 남한산성, 북한산성이 그 예이다.

아빌라성 안쪽으로는 구도심이 자리 잡고 있다. 시간도 늦고 해서 아예 1박을 하기로 했다. 성북동 성곽 마을을 탐방했을 때 '성곽을 벗 삼아 하룻밤을 보내면 참 좋겠다'라고 생각한 적이 있었다. 장소는 달라졌지만 어쨌든 성곽 마을에서 잠을 청할 수 있게 된 것이다. 그렇게 잠이 들 무렵 빗소리가 들렸다.

협축법
편축법으로 쌓은 한양도성과 달리 아빌라성은 협축법으로 축조됐다.

아빌라
아빌라 외곽 지역을 바라본 모습. 아빌라는 스페인 중부지역에 있다.

14 아빌라성과 한양도성

88개의 반원 타워를 가진, 아빌라성의 위용!

다음 날이었다. 스페인 중부지방의 하늘이 청명하게 드러났다. 성곽 트레킹을 하기에 더없이 좋은 날이었다. 아빌라성은 한순간에 만들어지지 않았다. 처음 축조됐을 때는 1090년이었고, 12세기경에 방어에 적합한 성채로 모습을 드러냈다. 이후로도 계속 쌓았는데 그 시기가 14세기까지 이어졌다고 한다.

아빌라성은 전체적으로 길쭉한 사각형처럼 생겼는데, 총길이가 약 2,500m에 달한다. 특이하게도 아빌라 대성당이 성곽 외벽 한쪽에 자리 잡고 있다. 한마디로 대성당의 외벽이 아빌라성의 성채 일부를 담당하고 있다는 뜻이다. 성안의 넓이는 약 93,000평 정도 된다. 문은 9개가 있는데 이들 중 성 빈센트 문Puerta de San Vicente과 알카사르 문Puerta del Alcazar이 확연히 눈에 띈다. 이들 문 양옆에는 측면 타워가 나란히 붙어 있어 문의 격조를 높여주고 있다. 쌍둥이 측면 타워는 높이가 무려 20m에 달한다.

88개에 달하는 반원형 타워도 연이어 늘어서 있다. 누렁이가 코를 내밀 듯, 둥그스름한 타워의 모습에서 입체감이 느껴졌다. 선을 긋듯 성채가 일직선으로만 세워졌다면 교도소 담장과 다를 바 없이 밋밋했을 것이다. 그렇게 타워의 볼륨감이 아빌라성을 돋보이게 해주고 있었다. 한양도성에서는 연이어 늘어선 타워를 볼 수 없기에 더 눈을 크게 뜨고 바라보았다.

성벽의 높이는 평균 12m 정도인데, 6~7m 사이인 한양도성에 비하면 훨씬 더 높은 셈이다. 12m 높이의 성벽을 어떻게 오른단 말인가! 더군다나 필자처럼 똥배가 나온 사람은….

캐슬 · 시티월 · 포트리스 · 시타델

아빌라성과 한양도성을 계속 묶어서 이야기하는 이유가 있다. 둘 다 시티월city wall이기 때문이다. 시티월은 도시 성벽이라고 불리는데 왕족이나 귀족들이 거주하는 캐슬castle, 요새로 불리는 포트리스fortress, 성채라 불리는 시타델citadel은 좀 다른 개념이다. 성벽 안과 밖을 엄격하게 구분하기 위해 만들었기에 캐슬이나 포트리스, 시타델보다는 크기가 더 크다. 도시를 둘러싸는 만큼 기본적으로 사각형 형태를 띤다. 물론 지형을 따라 만드니 형태가 싹둑 떨어지지는 않는다.

참고로 시타델은 '작은 도시'라는 뜻하고 있는데, 육각형의 별 모양으로 축성된다. 시티월이 성벽을 한 겹으로 두른 형태라면 시타델은 겹겹이 쌓아 올린 겹성 형태다. 그래서 방어력이 훨씬 더 증강되었다. 시타델 안에 마을을 짓기도 하지만 주로 도시 외곽이나 혹은 도시와 별도로 세운다. 도시 성벽의 방어력이 부족하다면 별도의 시타델이 함께 축성되는 식이다. 순례길에서 첫 번째로 만나는 대도시인 팜플로나에는 구도심을 시티월이 감싸고 있고, 별도로 육각형의 시타델이 있다. 팜플로나 시타델이 순례길 바로 옆에 있지만, 다음 목적지로 가는 길이 바빠서인지 순례객들은 그냥 지나쳐간다. 그 모습이 좀 안타까웠다. 저 좋은 걸 그냥 지나치다니!

아빌라성의 길이가 2,500m라 약 40~50분이면 한 바퀴를 다 돌 수 있다. 한양도성은 18.6km라 순성을 제대로 하려면 10시간 정도가 필요하다. 식사 시간은 둘째치고, 북악산과 인왕산 성곽길이 상당히 난코스이기 때문이다. 산을 꽤 잘 타는 사람들도 북악산 성곽길의 계단에서는 숨을 가쁘게 몰아쉴 정도다.

비가 온 뒤라 하늘은 더없이 맑고 푸르렀다. 느긋하게 아빌라 성곽 트레킹을 하며 사진을 찍었다. 둥글둥글한 타워들이 사열하듯이 서 있었는데 그 모습이 흰 구름과 어우러져 장관을 연출하고 있었다. 성곽이 이렇게 예쁠 수가 있어? 우리 한양도성도 예뻐!

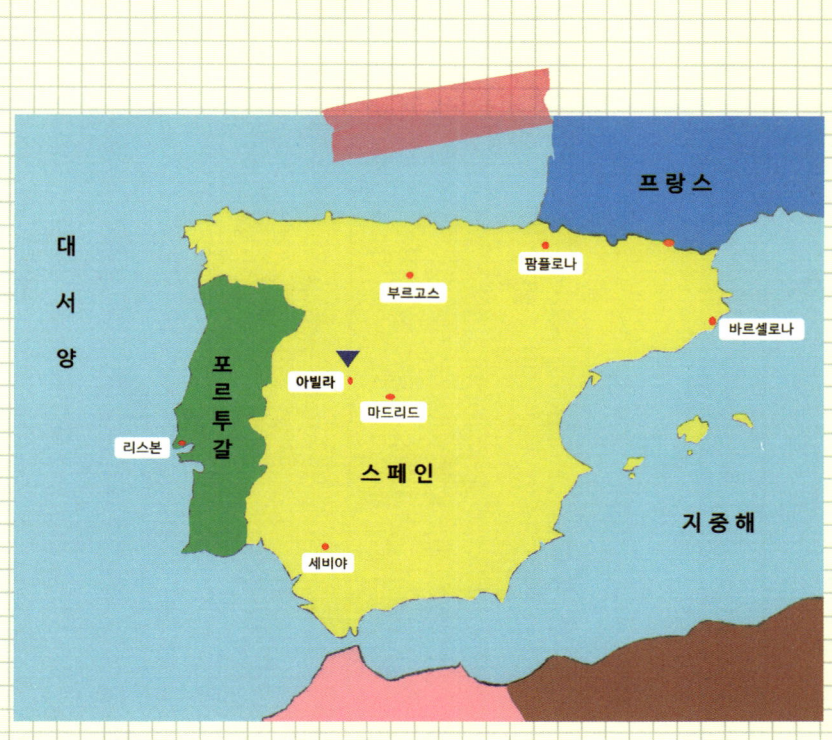

아빌라 지도

15 세비야와 여행궁합
잡탕찌개 같은 세비야

세비야 대성당

오른쪽에 키가 큰 히랄다(giralda)탑이 보인다. 무어인의 통치 시기에 모스크의 첨탑(minaret)으로 만들어졌다가 이후 기독교인들이 세비야를 탈환한 후에 성당의 종탑으로 변형된다. 약 100m 높이로 처음에는 르네상스식으로 만들어졌다 뾰족뾰족한 고딕 양식으로 변경된다. 탑 최정상부에 풍향계를 든 여신상이 조각되어 있다. 히랄다(giralda)는 스페인어로 '바람개비' 혹은 '풍향계'를 뜻한다.

여행에도 궁합 같은 것이 있을까? 남녀 간의 사랑의 척도를 가늠하는 궁합이 여행지와 여행자 간에도 존재할 수 있을까? 한 가지 분명한 것은 있다. 괜히 이상하게 끌리는 곳이 있다는 것이다. 그곳에 가면 좋은 일이 생기고, 신나는 일들이 그림자처럼 따라온다. 스페인에도 그렇게 궁합이 맞는 도시가 있었다. 어디? 안달루시아 지역의 세비야Sevilla다. 세비야가 속한 안달루시아 지역은 남쪽에 있어서 그런지 스페인의 남도라고 불릴 만한 곳이다.

세비야를 처음 방문했을 때는 새벽 시간이었다. 포르투갈 리스본에서 편도 9시간짜리 심야버스를 타고 세비야 아르마스 버스터미널에 하차했다. 그때가 1월경이라 출발지였던 리스본은 좀 쌀쌀했다. 언제 엄동설한이 닥칠지 모르는 1월, 그것도 초행길 어두운 새벽 시간에 도착이라니! 하지만 세비야는 세비야였다. 스페인의 남도라 그런지 동장군은 찾아볼 수 없었고 동네가 왠지 모르게 아늑하게 느껴졌다. 터미널 옆쪽에 강변길이 있어 그 길을 따라 걸었다. 나중에 알고 보니 그 강은 과달키비르강Guadalquivir이었다.

과달키비르강에서 피어난 타르테소스

과달키비르강은 길이가 657km에 달하는데 스페인에서 다섯 번째로 긴 강이다. 안달루시아 동북쪽에 있는 하엔주에서 발원한 과달키비르강은 코르도바를 거쳐 세비야로 흐른 후 카디스에서 대서양으로 합수된다. 리스본을 거쳐 가는 타호강, 포르투를 거쳐 가는 두에르강과 달리 과달키비르강은 스페인에서만 흐른다.

세비야를 유유히 흐르고 있는 과달키비르강에는 타르테소스Tartessos라는 고대 문명이 꽃을 피우고 있었다. 타르테소스? 무척 낯선 이름이다. 타르테소스는 이베리아반도의 원주민과 페니키아 문명, 그리스 문명이 결합하여 형성된 왕국이었다. 기원전 12세기경에 건립됐는데 왕이 통치하는 정치체제를 갖추고 있었다. 이베리아반도 최초의 문명국가라고 할 수 있다. 기원전 700년대에서 600년대까지 전성기를 구가하던 타르테소스는 기원전 500년경, 페니키아 문명을 뒤이은 카르타고 세력에 의해서 사라졌다.

고고학적 발굴들이 진행되면서 타르테소스 왕국은 수면으로 올라왔지만, 아직도 명징하게 그 실체가 드러난 것은 아니다. 기록에 공백이 생긴다면 상상력이 그 틈을 비집고 들어갈 수도 있다. 그리스 로마신화를 보면 헤라클레스는 자신의 처자식을 죽인 대가로 12개의 과업을 수행해야 했다. 그중 하나가 서쪽 바다에 떠 있는 에리페리아라는 섬에 가서 게리온의 소를 빼앗아 오는 것이었다. 성공했을까? 헤라클레스는 천하장사가 아니던가! 그런데 게리온을 두고 타르테소스의 왕이라는 설이 있다. 또한 헤라클레스가 세비야를 만들었다는 설화도 있다. 이게 가능할까? 그리스·로마 신화는 자생적으로 발생한 게 아니라 페니키아와 이집트의 영향을 많이 받았다.

헤라클레스와 세비야와는 관계는 신화적 상상력으로 남겨두자. 그렇

과달키비르강

오른쪽에 1220년대 만들어진, 황금의 탑(Torre del Oro)이 보인다. 과달키비르강에 딱 붙어 있다. 강 주변을 감시하는 탑으로 이용됐다. 이후 행정사무소, 감옥, 해군사령부 등등. 꽤 다양하게 쓰였다. 탑의 둘레가 4각이나 8각이 아닌 12각이다. 과달키비르강은 안달루시아 지역을 동서로 흐르는 강으로 그 길이가 657km에 달한다. 세비야에서 물길을 따라 상류로 올라가면 코르도바가 나오고, 하류로 내려가면 카디스가 나온다. 과달키비르강은 카디스에서 대서양으로 합수된다. 스페인어로 oro는 황금이란 뜻이다.

스페인광장

세비야의 대표적인 관광지 중 한 곳으로 마리아루시아 공원 안에 있다. 1929년 라틴아메리카 박람회가 열렸던 곳에 큰 광장이 들어섰다. 이곳에는 세비야 대성당의 히랄다탑을 본떠 만든 탑이 양옆으로 두 개 있다. 안쪽에 수로가 있어 뱃놀이도 즐길 수 있다.

지만 세비야 사람들의 헤라클레스에 대한 사랑은 그것대로 존중해주고 싶다. 누가 뭐라고 하든 세비야 사람들은 헤라클레스가 자신들의 도시를 만들었다고 생각한다. 그래서인지 실제로 세비야 시청에는 헤라클레스의 조각상이 새겨져 있다.

세비야의 선율, 플라멩코

세비야 시청에서 트램이 운행되는 방면으로 가다 보면 머큐리 분수가 나온다. 그 옆쪽으로 공간이 좀 있는데 플라멩코 거리공연이 자주 펼쳐지곤 한다. 역시 세비야는 세비야였다. 플라멩코를 길거리 공연으로 관람할 수 있다니!

봄바람에 꽃잎이 흩날리듯 붉은색 플레어 치마를 입은 여인들이 플라멩코 춤을 추고 있었다. 열정을 불태우듯 그녀들의 몸짓은 더욱더 강렬해져 갔다. 그런 춤사위를 보고 있자니 필자의 몸도 반응하기 시작했다. 허리를 흔들거리며 발을 굴렀다. 우리 사물놀이 판에 들어갔으면 어깨춤을 들썩였겠지만, 플라멩코를 보고 있었으니 하체가 먼저 반응하는 듯했다.

플라멩코flamenco가 출현한 남부 안달루시아 지방은 민족의 용광로라고도 부를 수 있을 정도로 많은 이들이 발자취를 남긴 곳이다. 타르테소스인을 시작으로 페니키아인, 그리스인, 카르타고인, 로마인, 유대인 등이 삶의 터전을 일구었다. 특히 페니키아, 그리스, 카르타고 같은 해양 세력들은 안달루시아의 긴 해안선을 따라 정착지를 만들어갔다. 이에 비해 이베리아반도 북쪽과 서쪽은 그들의 발길이 뜸한 곳이었다. 이후로도 안달루시아에는 고트족과 이슬람족, 그리고 집시족도 들어오게 된다. 플라멩코는 이런 안달루시아의 용광로 같은 문화의 결과물이라고 할 수 있다.

플라멩코는 여러 문화가 융합되어 발현된 것이다. 안달루시아 음악에 북아프리카 이슬람 문화가 녹아들었고, 거기에 가톨릭과 유대인들의 문화까지 더해지게 된다. 15세기 전후로 유입된 집시족의 문화까지 가미가 되어 플라멩코라는 퍼즐이 완성되기에 이른다.

플라멩코는 춤, 노래, 연주로 구성된다. 노래와 연주는 음악으로 묶일 수 있으니, 크게 보면 춤과 음악으로 나눌 수 있다. 춤은 머리에서 발끝까지 전신을 이용하여 추는 터라 퍼포먼스가 상당히 강렬하다. 에너지 소모가 강한지 공연 틈틈이 바나나를 먹는 장면이 목격될 정도였다. 음악은 칸테^{cante}라 불리는 노래와 기타 연주가 기본인데 그 외에도 퍼커션 같은 타악기도 흥을 살리는 데 이용된다.

'아름다우면서도 한스럽다! 정열적인 충격이었다!'

이게 플라멩코에 대한 감상평이었는데 필자만 이렇게 느낀 게 아니었다. 어떤 수강생분과 이야기했는데 그분도 필자와 비슷한 느낌이 들었다고 말씀하셨다.

이제 트램 레일을 따라 세비야 성당으로 이동한다. 시청 서쪽에 누에바 광장이 있는데 이곳이 트램의 종점이다. 이곳에서 트램을 타고 세비야 광장으로 갈 수도 있지만 겨우 한 정거장 거리라 그냥 걸어갔다.

무데하르 양식으로 지어진 세비야 대성당

세비야 대성당은 유럽에서 세 번째로 가장 큰 성당으로, 그 역사적 가치가 인정되어 1987년에 유네스코 세계문화유산으로 등재되었다. 1401년에 공사를 시작하여 무려 100년이 훨씬 넘는 1528년에 완공이 됐는데, 원래 자리에 있던 이슬람 모스크를 헐고 성당을 지었다.

플라멩코
플라멩코의 고장답게 세비야에서는 거리공연도 펼쳐진다. 뒤쪽에 머큐리 분수가 보인다.

세비야 대성당
트램길 옆 대성당.

국토회복운동이 벌어지는 동안 가톨릭 왕조 안에 사는 이슬람인들을 '무데하르^{mudéjar}'라고 칭했고, 이들의 예술을 무데하르 양식이라고 불렀다. 세비야 대성당의 동쪽에는 무데하르 양식으로 만들어진 히랄다^{giralda}라는 종탑이 있다. 이슬람 무어인들의 통치 시기에 모스크의 첨탑^{minaret}으로 만들어졌다가 이후 성당의 종탑으로 변형된 것이다. 히랄다 탑은 높이가 무려 105m에 달하는데 탑 최정상부에 풍향계를 든 여신상이 조각되어 있다. 히랄다^{giralda}는 스페인어로 '바람개비' 혹은 '풍향계'를 뜻한다.

이제까지 거대한 용광로라는 시점으로 세비야 일대를 둘러봤다. 아침부터 사대문 일대를 분주히 오갔던 소설가 구보 씨처럼 세비야의 구도심을 오갔는데도 빠진 탐방 포인트들이 많다. 그 점이 좀 아쉽다. 그래도 열심히 탐방했더니 배가 고프다. 무엇을 먹을까? 섞어찌개가 생각나네. 정확히는 잡탕찌개다. 필자도 여행에 도가 텄나 보다. 스페인 세비야에서 잡탕찌개를 끓이고 있으니….

옆에서 잡탕찌개가 보글보글 끓고 있었다. 그때 세비야와 궁합이 맞는 이유가 생각났다. 세비야는 많은 것이 섞인 잡탕찌개 같은 매력이 있는 곳이다. 필자의 여행이 잡탕찌개인 것처럼….

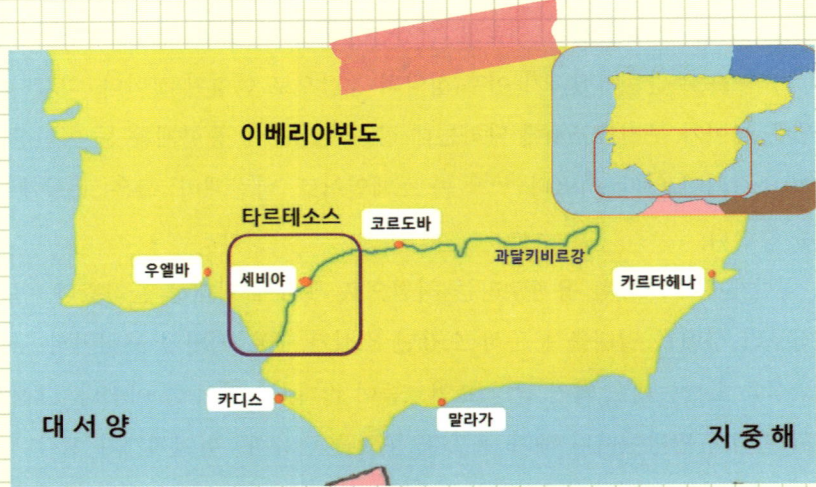

타르테소스 지도
타르테소스의 세력권으로 추정되는 지역을 표시했다. 지명은 편의상 현재의 명칭으로 기재했다.

16 들쑥날쑥한 갈리시아 바닷가, 우리 서해와 남해가 생각난다

스페인의 서쪽 땅끝마을 피스테라

묵시아
피스테라에서 북쪽으로 약 30km 떨어져 있다.

산티아고 순례길의 종착점은 갈리시아^{Galicia} 지역에 있는 산티아고 데 콤포스텔라^{Santiago de Compostela}다. 약 800km의 순례길을 마친 순례자들은 비노^{vino} 잔을 기울이며 완주를 자축한다. 스페인에서는 와인을 비노라고 부른다. 이때 부지런한 순례자들은 다음 일정을 계획한다. 스페인의 서쪽 땅끝마을인 피스테라로 가는 사람도 있고, 국경을 넘어 포르투갈의 포르투로 가는 이들도 있다.

일단 서쪽으로 길을 잡아보자. 산티아고 데 콤포스텔라에서 서쪽으로 약 90km를 가면 피스테라^{Fisterra}가 나온다. 이곳을 스페인의 땅끝이라고 부르는데 순례길의 영향으로 다른 방위의 땅끝마을보다 훨씬 더 많이 알려진 곳이다. 참고로 북쪽 땅끝은 바레스^{Bares}, 동쪽 땅끝은 크레우스^{Creus}, 남쪽 땅끝은 타리파^{Tarifa}다. 피스테라와 바레스는 둘 다 갈리시아 지역에 속하고, 크레우스는 카탈루냐, 타리파는 안달루시아 지역에 속한다.

야고보의 제자들이 돌배를 타고 피스테라로 들어왔다고?

순례길 본선 구간인 800km를 걷고도 성이 차지 않은, 혹은 에너지가 넘치는 순례자들은 피스테라까지 3일을 더 걸어간다. 그조차도 부족한 순례자는 피스테라에서 북쪽으로 약 30km 정도 떨어진 묵시아^{Muxía}라는 어촌 마을까지 또 걷는다. 거의 900km다. 정말 대단한 사람들이다.

옛 로마인은 이베리아반도 지역을 히스파니아^{Hispania}라고 불렀는데 그중 피스테라를 세상의 끝이라고 생각했다. 그 세상의 끝에 예루살렘에서 순교한 야고보 성인의 시신이 돌배에 실려 왔다. 이후 별들의 들판이라고 불리는 산티아고 데 콤포스텔라에서 야고보 성인의 유해가 발견됐고, 그 자리에 산티아고 대성당이 건립되니 유럽 각지에서 성지 순례를 오게 됐다. 이 이야기에 따르면 피스테라는 산티아고 순례길의 밑돌과 같은 역할을 한 것이다.

제자들이 돌배에 야고보의 시신을 실어 왔다고 하는데 아무래도 석관을 말하는 듯싶다. 로마 시대에는 돌로 만든 관, 즉 석관(石棺)을 많이 사용했다. 그런데 여기서 의문이 든다. 그 먼 예루살렘 지역에서 그 험한 지브롤터해협을 돌아 피스테라까지, 그들은 어떻게 올 수 있었을까? 더군다나 돌로 만든 배가 물에 뜰 수 있을까? 산티아고 순례길에 호감을 느끼고 계시는 분들에게는 이런 의문들이 좀 불편할 수도 있겠다. 하지만 산티아고 순례길에 대한 객관적인 시각도 분명히 필요하다고 생각한다. 객관성은 순례자들에게도 필요한 덕목이니까….

가난하고, 척박한 갈리시아

갈리시아는 이베리아반도 북서쪽 모서리에 자리를 잡고 있다. 독자적인 언어와 고유한 풍습을 가지고 있는 터라 일각에서는 분리·독립을 요구하고 있다. 서쪽과 북쪽은 바다에 접해 있고, 내륙은 산지로 이루어졌는데 전체적으로 척박하다. 비도 많이 내리고 습하다. 갈리시아 지역의 순례길을 걸을 때 소나기를 엄청 많이 만났는데 그때마다 우비를 썼다

벗었다를 반복했다. 그래도 그때 본 무지개들은 정말 예뻤다.

갈리시아는 산업이 발달하지 못했다. 아직도 농업이나 축산업이 중심이다. 그래서 다른 지역에 비해 가난한 편이다. 갈리시아인들은 이런 척박한 환경에서 벗어나려고 고향을 떠나 유럽이나 남아메리카로 이주를 많이 했다. 가예고^{gallego}는 '갈리시아 사람'이라는 뜻인데 남아메리카 일부 지역에서 '가예고=스페인 사람'이라는 등식이 성립되기에 이른다. 얼마나 많이 이주했으면 그런 도식이 생겼을까! 참고로 갈리시아의 이주민 후예 중에서 가장 유명한 사람은 쿠바에서 혁명을 일으켰던 피델 카스트로와 동생 라울 카스트로가 있다.

갈리시아는 서쪽으로는 대서양, 위쪽으로는 비스케이만(灣)에 면해 있다. 지도에서 그 해안선을 따라가다 보면 꽤 익숙한 윤곽선을 마주하게 된다. 어디서 많이 본 모습이다. 들쑥날쑥한 해안선이 마치 우리나라 서해와 남해를 보는 듯싶다. 얼핏 봤을 때 충남 태안과 서산의 모습이 연상될 정도다.

우리나라 태안반도가 연상되는 갈리시아의 리아스식 해안

갈리시아 지역과 우리나라 서해, 남해의 복잡한 해안선을 두고 리아스^{rias}식 해안이라고 부른다. 리아스식 해안은 과거에 육지로 되어 있던 부분이 지각운동으로 인해 가라앉거나 해수면이 상승하여 나타난 해안선이다. 산이나 골짜기에 바닷물이 들어온 형태니, 외형적으로 해안선이 들쑥날쑥하며 복잡하게 생겼다. 섬들도 많은데 과거 산의 정상부였던 부분만 바닷물 위로 남아, 섬이 됐다. 해안선이 복잡하고, 아기자기하다 보니 빼어난 자연경관을 선사한다. 우리나라의 한려해상 국립공원이나 다도해상 국립공원을 생각해보시라! 전 세계 어디에 내놓아도 뒤지지 않을 빼어난 아름다움을 간직하고 있는 곳들이다.

이런 리아스식 해안의 어원이 갈리시아 지역에서 나왔다. 스페인어로 리아^{ria}는 '강의 하구'를 말하는데 이런 복잡한 해안을 말할 때 쓰인다. 뒤에 's'가 붙어 복수형이 되어 리아스로 칭한다. 참고로 노르웨이에서 볼 수 있는 피오르^{fjord} 지형도 매우 복잡한 해안선을 나타낸다. 피오르는 빙하에 의해 형성된 지형으로 바닷물이 U자 형태로 내륙 깊숙이 들어온 모습을 보인다. 갈리시아에 대해 알아보다가 세계지리까지 공부하게 됐다. 어쩌면 이것도 또 다른 재미다.

피스테라로 가는 길은 인적이 드물었다. 겨울이라 그랬는지 순례자들도 거의 보이지 않았다. 마을은 듬성듬성 있었고, 지형은 확실히 척박해 보였다.

갈리시아를 위시한 스페인의 북부 지역은 711년, 북아프리카의 무어인이 이베리아반도를 침공했을 때도 미점령지로 남거나 그들의 지배를 비교적 짧게 받았다. 이슬람교도였던 무어인들에 맞서 그들은 718년, 아스투리아스^{Asturias} 왕국을 건립하여 가톨릭 국가 재건을 위한 구심점으로 삼게 된다. 이런 저항이 가능했던 밑바탕에는 북서부 지역의 험준함이 큰 몫을 했다. 아스투리아스 왕국군은 아스투리아스 산맥의 험준한 지형을 잘 이용하여 722년, 코바동가 전투에서 이슬람 군대를 크게 무찔렀다.

스페인의 땅끝 '피스테라', 유럽의 땅끝 '호카곶'

사실 서북부 지역은 로마도 가장 늦게 점령한 곳이다. 지형은 험준하고, 기후는 변덕스러우니 딱히 점령할 매력을 느끼지 못한 곳이었다. 하지만 그곳의 원주민들이 로마의 영역으로 넘어와서 약탈해대니 아예 근원을 도려내고자 점령했다.

산티아고 순례길을 소개하는 글 중에는 피스테라를 '세상의 끝'이

호카곶
포르투갈 리스본 인근에 있는 호카곶. 유라시아 대륙의 서쪽 끝이다.

피스테라
0km 표지석. 뒤쪽으로 등대가 보인다.

라고 표현하기도 한다. 하지만 이 표현은 잘못됐다. 피스테라는 스페인의 땅끝이지 세상의 땅끝은 아니다. 포르투갈 리스본에서 서쪽으로 약 30km 정도 떨어진 곳에 호카곶Cabo de Roca이라는 곳이 있다. 이곳은 유럽 대륙의 서쪽 끝으로 리스본과 가까워 한국인들도 많이 방문하는 곳이다. 해안절벽이 우뚝 서 있고 대서양의 세찬 파도가 장관을 이루는 곳이다. 호카곶이 바로 '세상의 끝'이다.

로마인들은 호카곶이 아닌 피스테라를 서쪽의 끝이라고 생각했다. 그 세상의 끝으로 첫 번째 순교자였던 야고보 성인의 유해가 들어왔고, 이후 산티아고 데 콤포스텔라로 옮겨졌다고 이야기한다. 다른 일반적인 어촌 마을보다 피스테라로 들어온 것이 상징성이 훨씬 더 크다고 할 수 있다. 만약 당시 사람들이 피스테라가 아닌 호카곶을 세상의 끝으로 생각했다면? 호카곶이 산티아고 순례길의 밑돌 역할을 했을까? 이런 상상을 해봤다.

피스테라에 도착한 순례자들은 걷고 싶어도 더 이상 걸을 수가 없다. 그 앞에 대서양이 펼쳐져 있기 때문이다. 순례자들은 기쁨 반, 아쉬움 반의 마음을 품고 땅끝 등대 아래로 향한다. 대서양에서 불어오는 세찬 바람이 순례자들의 온몸을 깨끗이 씻어주는 듯하다. 그 바람을 맞으며 무언가 다짐을 했었다. 더 이상 걸을 수 없기에 순례에 사용했던 물품들을 등대 아래에 내려놓기도 한다. 신발이 압도적으로 많았다. 예전에는 불에 태우기도 했다는데 요즘은 환경 문제 때문에 그런 모습은 보기 어렵다고 한다.

오래전 국토종단을 끝내고 해남 땅끝마을에 갔을 때다. 그때도 바람이 많이 불었다. 대서양 못지않은 세찬 바람을 맞으면서 무언가 다짐을 했다. 그렇게 땅끝마을들은 마음을 다잡게 해주는 곳이다.

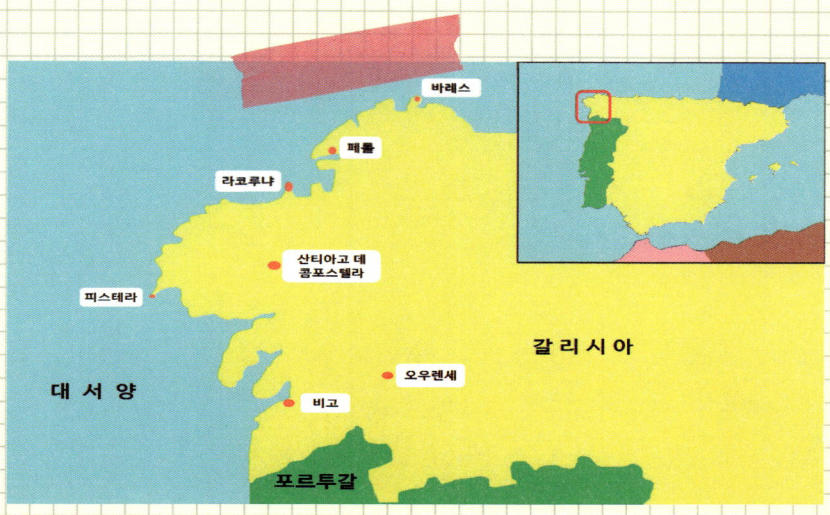

갈리시아 지도

17 포르투갈과 스페인은 형제국?
비슷하지만 결이 다른 두 나라

포르투

포르투갈 제2도시 포르투. 포르투갈의 어원이 되기도 한다. 사진에 보이는 다리는 포르투의 자랑인 동루이스 다리이다.

　산티아고 순례길을 완주한 후, 많은 사람이 포르투로 이동한다. 순례길의 종착점인 스페인 산티아고 데 콤포스텔라에서 포르투갈 포르투까지 약 230km 정도밖에 떨어지지 않아 부담 없이 이동할 수 있다. 산티아고 버스터미널에서 승차권을 구매한 후, 이동시간이 얼마나 걸리는지 물어보았다. 약 4시간 30분 정도가 소요된다고 했다. 생각보다 오래 걸리네! 직원은 무언가를 더 말해주는 듯했지만, 필자의 귀는 그 이야기를 알아들을 수가 없었다.

포르투갈과 스페인은 사이좋은 형제국?

　순례길에서의 피로가 가시지 않았는지 버스에 타자마자 잠이 들었다. 잠의 요정이 마법의 가루라도 뿌린 것처럼 맛나게 잠을 잤다. 얼마나 잤을까? 이쯤이면 포르투갈로 넘어왔을 테지. 스마트폰으로 시계를 봤다. 그런데 좀 이상한 거다. 1시간이 줄어든 것이다. 분명 오후 2시로 봤는데, 갑자기 1시가 돼버렸어! 산티아고 데 콤포스텔라와 포르투는 비슷한 경도상에 있는데 왜 시차가 생기는 거야? 포르투갈과 스페인은 서로 구별 짓기를 하는 건가? 결론적으로 말하면 포르투갈과 스페인은 1시간

아줄레주

포르투에 있는 상벤투(São Bento)역에는 화려한 아줄레주가 장식되어 있다. 상벤투역은 단순한 기차역이 아니다. 11만 장의 타일이 그림처럼 붙여진 곳이다. 포르투갈의 파란색 타일을 아줄레주라고 부른다. 우리는 도자기 타일이라고 부르기도 한다. 그림을 그리기도 쉽지 않을 텐데…. 타일로 표현을 하다니!

발견기념비

리스본의 테주강 변에 있다. 항해왕 엔히크 왕자, 사후 500년이 되던 1960년에 세워졌다. 그는 포르투갈왕 주앙 3세의 아들로 포르투갈의 대항해 시대를 열게 한 장본인이다.

의 시차가 있다.

포르투갈은 1139년에 건국했는데 그전까지는 스페인과 역사를 공유하고 있다. 로마의 점령, 서고트왕국, 이슬람 무어인들의 침공과 같은 역사적인 사건들이 바로 그것이다. 또한 도루강^{Douro}이나 테주강^{Tejo}처럼 자연물도 함께 쓰고 있다. 도루강은 포르투에서 대서양으로 빠져나가는데 스페인에서는 두에로강^{Duero}이라고 부른다. 테주강은 수도인 리스본을 거쳐 대서양에 합수되는데 스페인어로는 타호강^{Tajo}이라고 부른다. 이렇듯 닮은 점이 많은 두 나라다. 한국 사람들은 두 나라를 묶어서 여행하고, 가이드북도 두 나라를 묶어서 소개한다. 그렇다면 포르투갈과 스페인은 아무 문제 없는 형제 국가인가?

용맹왕 알폰소 6세와 엘시드

11세기 말이었다. 이베리아반도 남쪽은 이슬람 세력이 자리를 잡고 있었고, 북쪽은 레온 왕국의 알폰소 6세$^{Alfonso\ VI}$(1040~1109)가 통치하고 있었다. 용맹왕이라는 별칭이 붙은 알폰소 6세는 레온은 물론 카스티야왕국과 갈리시아왕국의 왕까지 겸임하고 있었다. 용맹왕이라는 별명처럼 알폰소 6세는 이슬람 세력과 연이어 전쟁을 벌이며 국토회복전쟁을 수행하고 있었다.

이때 엘시드$^{El\ Cid}$(1043~1099)라고 불리는 걸출한 영웅이 나타나기도 했다. 엘시드는 이슬람 군대와의 전투에서 혁혁한 공을 세웠지만, 모함을 받아 정처 없이 떠돌기도 했다. 말년에는 스페인 동부에 있는 발렌시아를 함락시키고, 실질적인 발렌시아의 군주로 자리매김했다. 당시 모로코 지역에서는 베르베르인 혈통의 알모라비데^{almorávides}족이 흥기하고 있었다. '무라비트'라고도 불렸던 그들은 이베리아반도로 쳐들어왔는데 가톨릭 왕조의 군대들을 연이어 격파했다. 하지만 승승장구하던 알모라비데족도 엘시드 군대에 의해 예봉이 꺾이게 된다. 알모라비데 군대가 발렌시아 인근 지역으로 진격했지만, 엘시드 군대에 의해 패배했기 때문이다. 엘시드 군대는 수적으로 열세였지만 알모라비데 군대를 물리쳤다. 이런 기적적인 승전보에 다른 가톨릭 왕조 군대들도 사기가 고양됐다. 사실 그 전투가 알모라비데 군대에 맞서 가톨릭 군대가 이룬 최초의 승리였기 때문이다.

다시 알폰소 6세 이야기다. 알폰소 6세는 이슬람 왕국뿐만 아니라 같은 가톨릭 왕국들과도 전쟁을 벌여 영토를 확대해나갔다. 하지만 이슬람 세력들도 만만치 않았는데 1086년에 있은 사그라하스 전투에서 가톨릭 군대를 패퇴시킨다. 이에 알폰소 6세는 다른 가톨릭 왕조들에게 도움을 요청했고, 이때 부르고뉴 공국이 화답했다. 부르고뉴 공국은 지금의 프랑스 동쪽에 있는 공작령으로 프랑스 왕국의 방계 혈족이 다스리고 있었다. 머리가 아프신가? 어려운 지명 이야기보다 이해가 확 되는 단어가 있다. 부르고뉴 와인!

부르고뉴의 젊은 기사 라이문도와 엔히크가 참전했고, 열심히 싸웠다. 알폰소 6세는 용맹한 이 기사들을 사위로 삼는다. 딸인 우라카를 라이문도에게, 테레사를 엔히크에게 시집보낸다. 영지도 받게 되는데 라이문도에게 갈리시아 백작령을, 엔히크에게는 포르투갈 백작령이 주어졌다. 현재 포르투갈 북부 지역이 포르투갈 백작령의 영지였다.

포르투갈의 첫 번째 왕, 아폰수 1세

포르투갈 백작이 된 엔히크는 자신의 영지를 독립국으로 만들려고 했지만, 꿈을 이루지 못하고 1112년에 숨을 거둔다. 이때 세 살 된 아들이 있었으니 그가 바로 아폰수 엔히크, 즉 포르투갈의 첫 번째 왕인 아폰수 1세 Afonso I였다. 하지만 너무 어렸기에 그의 어머니인 테레사가 섭정한다. 문제는 테레사가 친카스티야 성향이었던 것이다. 결국 아폰수는 친카스티야 세력들과 전쟁까지 벌여 그들을 몰아내는 데 성공했다. 이후 1139년에 오리크에서 이슬람 군대를 상대로 크게 승리하기에 이른다.

이런 승리의 기운들을 발판 삼아, 그는 포르투갈 왕국의 첫 번째 왕으로 즉위한다. 하지만 이게 끝이 아니었다. 아폰수 1세의 등극에 격분한 카스티야의 알폰소 7세는 군대를 동원한다. 결국 1143년 사모라 조약이 체결됐고 알폰소 7세는 포르투갈의 독립을 인정하게 된다. 이렇게 독립국이 되는 것이 어렵다. 이후에도 아폰수 1세는 남쪽으로 계속 세력을 확장하기에 이르렀고, 1147년 10월에 잉글랜드군과 연합하여 리스본을 탈환하는 데 성공한다.

같은 Afonso라는 로마자를 쓰는데 누구는 아폰수, 누구는 알폰소라고 기재를 하니 좀 어리둥절하다. 아폰수는 포르투갈식, 알폰소는 스페인식 표기이다. 참고로 아폰수 1세와 대립을 빚었던 카스티야의 알폰소 7세는 라이문도와 우라카의 아들이다. 한마디로 알폰소 7세와 아폰수 1세는 사촌지간이다. 권력은 부모·자식 간에도 나누지 않는다는데 하물며 사촌지간에는 더욱더 나눌 수 없었을 것이다.

12월 1일, 포르투갈의 독립기념일

포르투갈에서는 스페인에서 독립한, 12월 1일을 독립기념일로 지정하고 있다. 독립기념일의 기원을 알아보기 위해서는 16세기 후반으로 시계를 되돌려야 한다. 1578년, 청년 왕이었던 세바스티앙 1세 Sebastião I가 지브롤터해협을 건너 모로코를 공격했다. 당시 모로코는 사드 Sa'd 왕조가 자리 잡고 있었는데 세바스티앙은 북아프리카에 가톨릭을 전파하겠다는 신념으로 원정을 나선 것이다. 하지만 지브롤터해협에서 남쪽으로 약 80km 정도 떨어진 알카세르키비르^{Alcácer-Quibir} 전투에서 포르투갈 군은 패하고, 세바스티앙도 전사하고 만다. 문제는 세바스티앙이 미혼이었다는 점이다. 결혼하지 않았으니, 왕비도 자식도 없었다. 이에 엔히크 1세^{Henrique I}가 급히 왕위에 오른다. 하지만 엔히크 1세는 원래 성직자인데다 왕위에 오를 때 이미 나이가 66세였다. 그마저도 2년 뒤인 1580년에 세상을 떠나고 만다.

이런 혼란을 틈타 스페인의 펠리페 2세가 포르투갈의 왕위 계승자임을 주장했다. 알바 공작이 이끄는 스페인군이 침공했고, 결국 포르투갈은 스페인에 의해 병합된다. 이때부터 1640년까지, 포르투갈은 '60년간 포로 신세'로 전락하고 만다. 이 기간에 포르투갈은 농업이 황폐해졌고, 흑사병 같은 전염병도 창궐하게 된다. 또한 해외 식민지와 해군도 방치되고 말았다.

1640년 12월 1일, 스페인의 행태를 도저히 묵과할 수 없었던 포르투갈 귀족들이 행동에 나섰다. 총독궁을 습격한 것이다. 독립전쟁이 시작됐다. 이때 브라간사 공작이 주앙 4세가 되어, 포르투갈 왕위가 복원된다. 당시 스페인은 유럽의 신교도 국가들과 30년 전쟁을 벌이고 있었다. 또한 그 시기에 카탈루냐 지역에서 농민반란이 발생하여 대내외적으로 내홍에 휩싸였다. 포르투갈과 스페인 간의 전쟁은 오래 지속되었다. 무려 28년 동안 계속됐는데, 결국 1668년 리스본 조약에 의해 마침표를 찍게 된다.

리스본 중심부에 있는 헤스타우라도르스 광장에는 포르투갈의 독립을 기념하는 큰 조형물이 있다. 그리고 매년 12월 1일에는 독립기념일 행사가 펼쳐진다. 이렇듯 포르투갈과 스페인은 비슷한 듯하지만, 그 속을 들여다보면 결이 다른 모습을 보인다. 같으면서도 구별되는 이런 모습들이 여행자들에게는 색다른 모습으로 다가온다. 이게 두 나라를 함께 여행하는 재미다.

아폰수1세
포르투갈의 첫 번째 왕인 아폰수 1세의 상. 포르투갈 북부 기마랑이스성 앞에 서 있다.

독립기념비
리스본 중심가인 헤스타우라도르스 광장에 서 있다.

17 포르투갈과 스페인은 형제국?

포르투갈의 건국 초기 지도
12세기 중반경의 이베리아반도를 나타내고 있다.

18 로마를 공포에 떨게 한 한니발
카르타헤나에서 만난 주정뱅이 가브리엘

카르타헤나
컨셉시온성에서 바라본 풍광. 하단부에 로마시대에 만들어진 극장이 보인다.

가브리엘은 주정뱅이였다. 그를 만난 건 스페인 남부 카르타헤나 Cartagena에 있는 한 오스탈hostal이었는데, 그는 볼 때마다 얼큰하게 취해있었다. 호스텔hostel을 스페인에서는 오스탈이라고 부른다. 낯선 동양인이 신기했는지 필자를 앉혀두고 스페인어를 속사포처럼 구사하고 있었다. 대충 들어보니 자신은 카르타헤나 출신이고, 이 동네는 아주 오랜 전통을 가지고 있는 곳이라고 했다. 로마보다도 먼저 페니키아인들이 정착지를 만들 정도로 카르타헤나는 중요한 지역이라고 했다. 가브리엘은 침을 튀기면서 열변을 토했지만, 그가 하는 말들은 이미 다 알고 있는 내용이었다. 또 필자는 카르타헤나 방문이 처음이 아니었다. 사정이 이러했지만 가브리엘이 민망하지 않게 고개를 끄떡이며 적당히 맞장구를 쳐주었다.

서구 문명의 모태가 된 페니키아의 비블로스

이베리아반도는 문명의 십자로였다. 그래서 많은 이민족이 이베리아반도에 진출했다. 서고트족 이전까지 이베리아반도에 들어온 대표적인 세력은 페니키아, 그리스, 카르타고, 로마였다. 이 중 페니키아가 큰 영향을 끼쳤다.

 페니키아인은 지금의 레바논 지역에 거점을 두고 지중해에서 활발하게 교역 활동을 펼쳤다. 그들은 이집트로 목재를 수출했고, 파피루스를 수입했다. 레바논에는 레바논산맥이 있어 중동에 있는 다른 나라와 달리 나무를 수출할 수 있었다. 그 나무가 백향목이다. 레바논 소나무로 불리는데 현재 레바논 국기에도 표시되어 있다. 파피루스는 비블로스Byblos 항구에서 배에 실려 그리스로 수출됐다. 이런 점 때문에 그리스인들은 중계항의 이름을 따서 파피루스를 '비블로스'라고 칭했다. 바이블bible과 책book의 어원도 비블로스가 된다. 그럴 뿐만 아니라 유럽 여러 문자의 기원이 된 페니키아 알파벳도 비블로스에서 만들어져 그리스로 전해졌다고 한다. 그러고 보면 페니키아의 비블로스 항구는 서구 문명의 모태였다고 할 수 있다. 비블로스는 현재 주바일로 불리고 있다.

 페니키아인들은 기원전 1100년경부터 이베리아반도에서 상업활동을 했다. 그들은 향수, 염장(소금에 절인 생선), 귀금속 등을 팔았고, 금과 은 등을 사서 갔다. 페니키아가 쇠퇴하자 그 자리를 그리스인들이 채웠다. 그리스인들은 서남부의 해안선을 따라 정착촌을 만들었고, 이베리아인에게 제련기술, 건축, 공예품과 같은 문물들을 전수해주었다. 이 당시에 스페인 고대문화의 최고봉이라고 할 수 있는 작품이 만들어진다.

 바로 〈엘체의 여신상〉이다.

엘체의 여신상

지중해에서 카르타고와 로마가 전쟁을 벌이다

카르타고는 기원전 814년, 지금의 북아프리카 튀니지에 세워진 나라이다. 페니키아 혈통인 카르타고는 작은 도시 국가에서부터 시작했지만, 차츰 페니키아의 식민지들을 병합해나갔다. 페니키아는 페르시아와 같은 중동지역의 국가들과 전쟁을 벌였는데, 이때 본국과 멀리 떨어져 있던 페니키아 식민지들은 무주공산이 되었고, 그 틈을 타고 카르타고가 세력을 확장해 나갔다. 카르타고가 지중해의 신흥강자로 등장한 것이다.

예전에 마피아들이 들끓었던, 이탈리아 시칠리아섬은 지중해의 중앙에 자리를 잡고 있다. 더군다나 튀니지의 카르타고와 시칠리아는 불과 200km 정도밖에 떨어져 있지 않다. 그런 시칠리아에 로마인들이 들어와 지중해 무역을 하려고 했다. 카르타고가 느긋하게 이를 바라만 보고 있었을까? 지중해를 두고 펼쳐진 두 세력 간의 대결은 숙명과도 같았다.

기원전 264년, 제1차 포에니^{Poeni} 전쟁이 발발했다. 페니키아인을 뜻하는 라틴어는 Poenicus(포에니쿠스)인데 로마인들은 카르타고를 페니키아의 후예로 보았다. 그래서 카르타고와 로마와의 전쟁을 포에니전쟁이라고 말하는 것이다. 기원전 241년, 23년간의 공방 끝에 로마가 승리를 했고, 카르타고는 시칠리아에 대한 로마의 지배권을 인정한다.

한니발의 아버지가 만든 신도시, 카르타고 노바

카르타헤나 답사는 컨셉시온성$^{Castillo\ de\ la\ Concepción}$에서부터 시작된다. 컨셉시온성은 구시가지의 언덕배기에 자리 잡고 있다. 이곳에 올라서면 카르타헤나가 얼마나 중요한 전략적 요충지인지 단번에 알 수 있다. 카르타헤나항 입구를 좌청룡 우백호처럼 양옆으로 산들이 서 있고, 그 가운데로 배가 오간다. 항아리처럼 항구 안쪽은 넓고, 물살은 잔

잔하다. 입구를 지키는 산들이 천연 방파제 역할을 하기 때문이다. 카르타헤나항은 지금도 스페인 해군의 전략적 요충지로 잠수함의 모항으로까지 쓰이고 있다.

이렇게 중요한 지역을 도시로 만든 인물은 하밀카르 바르카$^{Hamilcar\ Barca}$다. 제2차 포에니전쟁 때 맹활약했던 한니발^{Hannibal}이 그의 아들이다. 정치가이자 군인이었던 하밀카르 바르카도 제1차 포에니전쟁 시기에 로마군과 싸워 단 한 번도 패배하지 않은 명장이었다.

기원전 227년, 하밀카르 바르카는 북아프리카를 떠나 이베리아반도 동남부에 카르타헤나의 전신인 카르타고 노바$^{Carthago\ Nova}$를 건설했다. 새로운 카르타고라는 뜻이다. 이곳은 방어에 유리했을 뿐만 아니라 인근에 은 광산도 있고, 곡물 생산에 유리한 경작지도 펼쳐져 있었다. 카르타고의 군인이자 정치가였던 하밀카르 바르카는 자신의 가문, 즉 바르카 가문이 이베리아반도에서 독자적인 세력을 형성할 수 있게 큰 토대를 세웠다. 그는 와신상담하듯, 이베리아반도에서 로마와 맞설 군대를 키워나갔다.

하지만 로마 정복이라는 대업을 이루지 못하고 하밀카르 바르카가 죽는다. 권력은 그의 사위인 하스두르발에게로 넘어갔다. 하지만 하스두르발도 대업을 실행하지 못한 채 암살을 당하고 만다. 이제 드디어 한니발이 카르타고 노바의 최고 권력자로 오르게 됐다. 한니발은 자신 가문의 오랜 염원인 로마 정벌을 위해 차근차근 준비해나갔다.

코끼리 부대를 이끌고 알프스를 넘은 한니발

드디어 진격의 나팔이 울렸다. 한니발 부대가 로마의 보호 아래 있던 사군툼을 공격한다. 이 공격이 시발점이 되어 제2차 포에니전쟁(기원전 218~201)이 시작됐다. 사군툼은 현재 사군토^{Sagunto}라고 불리는데 발

로마 대 카르타고
포에니전쟁을 형상화한 기념품.

포에니전쟁
포에니전쟁을 표현한 디오라마. 스페인 북부 하카에 있는 군 박물관에서 찍었다. 카르타고의 코끼리부대가 인상적이다.

렌시아에서 북쪽으로 약 30km 떨어진 곳에 있다. 한니발은 무려 10만 명이 넘는 병력을 이끌고 남부 프랑스를 거쳐 알프스산맥을 넘었다. 공격용 코끼리도 동원할 정도로 카르타고 군대는 위력이 대단했다. 이에 로마는 크게 당황한다. 코끼리까지 동원한 대규모의 병력이 이탈리아 땅에 침입했으니 크게 덜미를 잡힌 것이다. 물론 카르타고 군대는 오랜 기간 행군을 하면서 많은 병력 손실이 있었다. 하지만 로마와 전투가 벌어지자 한니발은 큰 활약을 펼치며 연전연승했다. 많은 로마인은 한니발에 대해서 공포감을 느끼기까지 했다.

그러나 아시는 분은 아시겠지만 제2차 포에니전쟁에서도 로마는 카르타고에 승리를 거둔다. 풍전등화의 위기에 있던 로마를 구한 건 스키피오 아프리카누스Scipio Africanus였다. 한니발이 그랬던 것처럼 스키피오도 허점을 노리는 전술을 펼친다.

이탈리아에 있는 한니발 군대를 제쳐두고 카르타고 노바를 공략한 것이다. 결국 한니발의 근거지였던 카르타고 노바는 로마군에 의해 함락당한다. 이후 스키피오는 이베리아반도에 있는 카르타고 식민지들을 차례대로 점령해나갔다.

카르타고는 이런 빈집털이(?) 전략을 가만히 두고 볼 수 없었다. 세비야에서 북쪽으로 약 15km 정도 떨어진 곳에 알카라 델 리오Alcalá del Río라는 평원이 있는데 이곳의 옛 지명은 일리파였다. 기원전 206년, 일리파에서 마고 바르카가 지휘하는 카르타고와 스키피오가 이끄는 로마가 맞붙는다. 마고 바르카는 한니발의 동생이었다. 그도 풍부한 실전 경험이 있었다. 하지만 스키피오에게는 못 당했다. 일리파 전투에서 카르타고는 크게 패배했고, 이베리아반도에서의 주도권을 상실하고 만다.

기원전 202년, 북아프리카 튀니지에서 벌어진 자마 전투를 끝으로 제2차 포에니전쟁은 종료가 된다. 자마 전투에서 한니발은 크게 패배했고, 로마군에게 쫓겨 다니는 신세가 됐다. 이후 스스로 목숨을 끊어 삶을

로마극장

카르타헤나의 로마극장의 야경. 카르타고 시절은 물론 로마시대에도 카르타헤나는 무척 중요한 지역이었다.

카르타헤나 시청

20세기 초반에 지어진 카르타헤나 시청 건물. 신고전주의 양식으로 지어져 많은 이의 눈길을 사로잡고 있다.

마감했다고 전해진다. 그렇게 당대를 넘어 지금까지도 호명되는 영웅호걸이 역사 속으로 사라진 것이다.

주정뱅이 가브리엘이 가르쳐준 페니키아식 인사법

컨셉시온성은 그 자체로 훌륭한 전망대다. 그곳에서 바라보는 일몰은 정말 경이로울 정도였다. 카르타헤나의 일몰을 감상한 후 숙소에 갔더니, 역시나 가브리엘은 취해 있었다. 아는체하자, 가브리엘이 자리에서 벌떡 일어나 페니키아인의 전통 인사법을 알려주겠다고 한다. 서로 무릎을 들어서 우측으로 한 번, 좌측으로 한 번 부딪치는 방식이었다. 무슨 닭싸움 같았다. 서로의 무릎을 부딪치며 인사하는 방식이 존재하나? 주정뱅이의 취기 어린 행동이라고 치부하기에는 무언가 짜임새가 있어 보였다. 아직 가보지 못했는데 나중에 레바논에 가서 아무나 붙잡고 무릎 인사를 해봐야겠다. 잘못해서 '니킥'을 맞으면, 다 주정뱅이 가브리엘 때문이다!

카르타헤나 지도

19 세비야 인근의 로마 유적지, 이탈리카
스페인에 세워진 최초의 로마 도시

원형경기장
이탈리카에 있는 원형경기장. 2만 5천 명 정도가 입장할 수 있었다. 이탈리카 인구가 약 8천 명 정도이니 상당한 규모라고 할 수 있다.

유럽 여행을 하다 보면 우리나라의 문화유산 관람료가 무척 저렴하다는 것을 깨닫게 된다. 창덕궁을 스페인에 가져다 놓으면 입장료가 얼마가 될까? 지금 내는 돈의 5~6배, 많으면 10배 정도까지 더 지불해야 될지 모른다. 스타벅스 커피 한 잔 값도 안 되는 돈으로 세계문화유산 창덕궁을 탐방할 수 있다는 건 정말 기분 좋은 일이다. 하지만 그 돈도 아까워하는 사람이 있다. 어쨌든 한국보다 스페인의 문화유산 관람료는 월등히 비싸다. 그래도 가물에 콩이 나듯 아주 저렴한, 혹은 공짜로 답사를 할 수 있는 곳들도 있다. 이탈리카Italica 유적지가 바로 그런 곳이다. 관람료가 겨우 1.5유로였다. 우리나라 돈으로 약 2,300원 정도.

세비야 인근의 로마 유적지, 이탈리카

이탈리카는 세비야에서 약 10km 정도 떨어져 있는 곳으로 현재 행정구역상으로는 산티폰세Santiponce에 속한다. 명칭에서도 짐작할 수 있듯이, 이탈리카는 로마 시대에 만들어진 유적이다. 이탈리아반도 밖에서 만들어진 최초의 로마 도시가 바로 이탈리카였다.

세비야에서 이탈리카까지 걸어갈까 하다가 초행길이고, 너무 덥기도 해서 그냥 시내버스를 타고 가기로 했다. 검색해보니 아르마스[Armas] 터미널 밖, 정류장에 산티폰세로 가는 버스가 있었다. 참고로 아르마스 터미널은 포르투갈 리스본으로 가는 버스가 있을 정도로 큰 터미널이다.

한참을 기다려도 버스가 오지 않았다. 알고 보니 엉뚱한 곳에서 기다리고 있었던 것이다. 한여름 안달루시아의 햇살은 정말 강렬했다. 그 햇살을 바라보니 현기증이 일어났다. 결국 오후 늦게 이탈리카 정문 앞에 도착했다.

'닫힘[cerrado]'

오후 3시를 겨우 넘은 시각인데 벌써 영업이 종료된 것이다. 이게 말이 되는가! 그 뜨거운 안달루시아의 여름 햇살을 맞으며 터벅터벅 발걸음을 돌려야 했다. 갑자기 냉면이 생각났다. 먹을 수 없으니 더 간절했다.

다음 날 재도전에 성공했다. 관람 마감 시간은 오후 3시까지였는데 적어도 둘러보는데 1시간 이상 걸리니 이 점을 참조해서 가시면 좋겠다.

이탈리카는 제2차 포에니전쟁의 영향으로 만들어진 도시이다. 포에니전쟁은 카르타고와 로마가 맞붙은 전쟁으로 총 3번에 걸쳐 일어나는데 그중 제2차 전쟁은 한니발 전쟁이라고 불렸다. 그만큼 한니발의 역할이 지대했던 전쟁이었다. 하지만 카르타고는 세 번의 전쟁에서 모두 다 패배했고, 결국 기원전 146년에 멸망하게 된다.

군인들을 위해 스키피오가 만든 도시

기원전 206년이었다. 제2차 포에니전쟁이 시작된 지도 벌써 12년이 지났을 때였다. 세비야 인근, 일리파에서 스키피오가 이끄는 로마군이 카르타고군을 크게 무찌른다. 한니발이 이탈리아 땅에서 연전연승했듯이 스피키오도 이베리아반도에서 연전연승했다.

하지만 수크로Sucro항에 있던 로마 군인들이 처우에 불만을 품고 반란을 일으킨다. 일명 수크로 반란이 일어난 것인데 스피키오는 이 반란도 제압하고, 서남부 카디스로 이동해 카르타고의 잔당들을 소탕한다. 이베리아반도에서 카르타고 세력을 완전히 몰아낸 것이다. 참고로 수크로는 현재 수에카Sueca로 불리는데 발렌시아에서 남쪽으로 약 35km 정도 떨어져 있는 작은 마을이다.

오랫동안 전쟁을 치르느라 로마군은 지쳐갔다. 부상자도 속출했는데 그들은 고향으로 돌아갈 형편이 못 됐다. 이에 스피키오는 군인들의 불만을 달래주기 위해 세비야 인근에 도시를 건설한다. 그곳이 바로 이탈리카였다. 군복무 시절에 부대 앞에서 보았던 군인아파트가 연상되는 대목이다. 이탈리카는 로마가 스페인에 만든 최초의 정착지였다.

이탈리카 입구에서 오른쪽을 보니 원형극장이 있었다. 이탈리카 원형극장은 25,000명이 동시에 입장할 수 있다고 전해진다. 로마에 있는 콜로세움이 5만 명을 수용할 수 있다고 하니 그 절반 수준이다. 그렇다고 이 원형극장이 다른 도시에 있는 원형극장에 비해서 결코 작은 편이 아니었다. 타원형의 형태인 이탈리카 원형극장은 중심축 길이가 160m고, 경기장 한가운데 지하공간이 있다. 그 위로는 나무 덮개를 덮을 수 있게 만들었다.

많은 부분이 훼손되어 있었지만 탐방 동선

원형극장 통로
이 통로를 따라 검투사들이 지상으로 올라갔다. 결투를 앞둔 검투사들은 어떤 생각을 품었을까?

이 잘 짜여 있어서 관람하는 데 문제가 없었다. 혈투를 펼치기 전, 검투사들이 대기를 하고 있었던 지하공간에 가보았다. 습한 눅눅함이 감돌 뿐, 그 옛날 검투사(글레디에이터)들의 비장함은 어디에도 느껴지지 않았다. 첨단 AI시대에 그런 고대 시대의 감성을 찾고 있는 게 좀 구닥다리인가?

황제까지 배출한 도시

로마의 최전성기는 5현제, 즉 5명의 황제가 통치하던 시기였다. 네르바(12대), 트라야누스(13대), 하드리아누스(14대), 안토니누스 피우스(15대), 마르쿠스 아우렐리우스(16대)가 그들이다. 네르바가 기원후 96년에 집권했고, 아우렐리우스가 180년에 죽음을 맞이했으니 5현제의 치세 기간은 84년 정도가 된다. 이들 중 트라야누스(재위 98~117)와 하드리아누스(재위 117~138)가 이탈리카 출신이다. 처음에는 군인들을 위해 만들어졌지만, 황제까지 배출한 도시가 된 것이다. 트라야누스 황제 시절에 로마는 가장 큰 영토를 가지고 있었고, 후임 하드리아누스 황제는 그런 제국의 유산들을 행정적으로 잘 관리하였다. 제국의 방비를 위해 하드리아누스 방벽 Hadrian's Wall 같은 성벽 시설을 축조하기도 한다. 하드리아누스 방벽은 브리튼족을 막기 위해 영국 땅에 세운 긴 성벽을 말한다.

로마는 이베리아반도 점령지를 히스파니아 Hispania로 불렀는데 처음에는 반도의 동남 지역에 국한됐다. 이후 점령지를 점점 더 넓혀가 기원전 19년, 이베리아반도 전체를 장악했다. 이때 초대 황제였던 아우구스투스는 히스파니아를 로마제국에 편입시킨다. 이제 히스파니아는 식민지가 아닌 로마제국의 동등한 구성원이 된 것이다. 이런 권리의 향상이 있었기에 속주였던 히스파니아에서 황제가 탄생할 수 있었다.

5현제 중, 두 명의 황제가 탄생할 수 있었던 원동력이 무엇일까? 그런 궁금증을 안고 가옥 지구로 향했다. 로마가 만든 도시답게 대중목욕탕도 있었고, 빵집도 있었다. 물론 지금은 원형경기장처럼 폐허로 남은 흔적들을 잘 갈무리하여 전시하는 방식이었다. 한쪽에 옛 화장실도 있었다. 돌에 엉덩이를 올려놓을 정도의 구멍이 뚫려 있고, 아래로는 물이 흘러 용변을 치우는 수세식 화장실이었다. 자세히 보니 엉덩이를 올려놓는 돌이 대리석이었다. 저기서 일을 치르면 쾌변을?

　가옥들은 벽면이 다 허물어지고, 거의 바닥만 남아 있었다. 그 바닥에는 모자이크 장식이 정교하게 남아 있었다. 꽃, 새, 동물 같은 자연물부터 기호, 도형 같은 표식, 그리고 수렵 장면이나 신의 모습까지 그 형태도 다양했다. 집 바닥을 그런 형형색색의 모자이크를 장식했다니! 로마인들의 미적 감각이 그저 경이로울 따름이었다. 특히 새들로 장식된 모자이크는 당장 갤러리에서 전시해도 될 만큼 뛰어난 감각이 느껴졌다.

　이탈리카 탐방을 마치고 숙소가 있는 세비야로 돌아왔다. 스페인의 다른 관광지보다 월등하게 저렴한 입장료를 지불했지만, 만족감은 기대 이상이었다. 그 만족감은 세비야에서도 이어졌다. 세비야에 있는 한국식당에서 오랜만에 김치찌개를 먹었기 때문이다. 탐방도 만족! 김치찌개도 만족!

물고기잡이 모자이크
무늬가 선명하다. 오른쪽 상단에 로마식 화장실이 보인다.

새 모자이크
당장 갤러리에서 전시회를 해도 될 만큼 뛰어난 작품성을 나타내고 있다.

이탈리카 지도

20 풍광이 수려한 바엘로 클라우디아
천사는 어디에나 있어요!
보살님도 어디에나 있고요!

바엘로 클라우디아
신전 건물이다. 뒤쪽으로 모래 언덕이 보인다.

충남 태안군에는 빼어난 풍광을 자랑하는 해변들이 즐비하다. 꽃지 해수욕장, 만리포 해수욕장, 청포대 해수욕장 등등. 신두리 해수욕장과 신두리 해안사구도 빼놓을 수 없다. 신두리 해수욕장은 화물차가 이동할 수 있을 정도로 표면이 단단하다. 다른 해수욕장과 달리 모래나 개펄에 빠질 염려가 없다. 그래서 자동차 광고를 많이 찍었다. 붉게 물든 석양을 배경으로 바닷가를 스치듯 질주하는 자동차의 모습! 남자의 로망을 담아내기에, 충분한 장면이다.

그 옆에 있는 신두리 해안사구는 마치 모래사막처럼 보인다. 해안사구는 바람에 날려온 모래가 바닷가에 쌓여 모래 언덕을 이룬 것을 말한다. 신두리 해안사구는 규모가 무척 큰 데다 원형 보존도 잘되어 있어서 천연기념물로 지정되어 있다. 널찍한 해수욕장과 해안사구가 어우러진 모습은 장관을 연출한다. 광활하게 느껴질 정도다.

스페인에는 로마 시대에 만들어진 유적지들이 즐비하다. 그중에서 무척 인상적인 곳이 있었다. 바엘로 클라우디아Conjunto Arqueológico Baelo Claudia 유적이 바로 그곳이다. 바엘로 클라우디아는 이베리아반도의 최남단인 타리파에서 북서쪽으로 약 25km 정도 떨어진, 볼로니아Bolonia라는 동네에 자리 잡고 있다. 이 유적지의 명칭은 로마의 4대 황제 클라우디아에서 딴 것이다. 그렇다. 이곳은 클라우디아 황제가 건설한 도시다. 푸른 대서양이 내려다보이는 언덕배기에 옛 로마의 유적지가 자리 잡고 있었다.

뚜벅이 여행자도 가고 싶다. 바엘로 클라우디아!

바엘로 클라우디아는 필자 같은 뚜벅이 여행자들이 쉽게 갈 수 있는 곳이 아니었다. 타리파에서 갈 수 있는 대중교통은 없고, 택시도 잘 가지 않았다. 시외버스가 인근을 지나기는 하는데 버스 하차장에서 내려 약 12km 정도를 걸어가야 했다. 산도 하나 넘어야 했다. 12km에 산까지 넘어야 한다면, 이건 너무 무모하지 않은가? 그 무모한 짓을 필자는 하고야 말았다.

바엘로 클라우디아에서 약 12km 떨어진, 크루세 파시나스라는 동네까지는 간간이 시외버스가 다녔다. 거기서 나가는 택시 하나 없을까, 나름 긍정적인 마인드로 스스로를 다독였다. 크루세 파시나스에 딱 내렸다. 그런데 무척 당혹스러웠다. 정말 아무것도 없는 허허벌판이었다. 버스 정류장 표지판도 없는 곳이었다. 그런 와중에도 누군가가 버스에 탑승하고 있었다. 좀 머뭇거렸다. 바엘로 클라우디아가 있는 볼로니아 쪽을 바라보니 산이 좀 높아 보였다. 그때가 12시가 가까웠는데 자칫하면 오후 3시를 넘길 수도 있었다. 하절기에는 3시가 입장 마감 시간이었다. 기껏 어렵게 가서 닫힌 문고리를 두들길 판이었다. 하지만 포기하란 법은 없다. 내가 내릴 때 버스에 남자 한 명이 탔는데 그 남자의 여자 친구가 말을 걸었다.

"어디 가세요? 볼로니아 가세요?"
"그래요. 볼로니아에 있는 바엘로 클라우디아에 갑니다."

수도교

바엘로 클라우디아는 작은 도시이다. 약 5km 정도 떨어진 수원지에서 물을 끌어오는 수로가 만들어졌고, 그 수로 중 일부 구간이 수도교 형태로 만들어졌다.

가룸을 만들었던 곳

"제가 볼로니아 살아요. 제 차로 같이 가요."
"~^^!"

그렇게 해서 히치하이킹을 하게 됐다. 그녀의 이름은 카타리나였다. 볼로니아에서 요가와 필라테스 강사로 활동한다고 했다. 차를 타고 지형을 둘러봤는데 아래쪽에서 봤을 때보다 훨씬 더 경사도가 높았다. 카타리나의 차를 타지 않았으면 오후 3시 안에 도착 못 했다. 카타리나의 숙소는 볼로니아의 초입이라 바엘로 클라우디아와는 좀 떨어져 있었다. 정문 인근까지 데려다주는 수고를 마다하지 않았다. 고맙다는 말에 카타리나가 천사 이야기를 했다.

"천사는 어디에나 있어요."
"저에게 천사는 카타리나에요!"

드디어 바엘로 클라우디아에 발을 내디뎠다. 그런데 좀 의아했다. 공짜였기 때문이다. 세비야의 이탈리카도 무척 저렴했는데 이곳은 아예 공짜였다. 그래서인지 몰라도 둘 다 오후 3시에 관람을 종료한다. 다른 관광지에 비하면 빨리 문을 닫는 편이다.

로마 클라우디아 황제가 만든 바엘로 클라우디아

이탈리카처럼 바엘로 클라우디아도 작은 도시의 형태를 갖추고 있었다. 멀리서 식수를 끌어오는 작은 수도교도 있었고, 또 역시 폐허가 된 형태로 전시되고 있었다. 어설프게 복원하는 것보다 사람 손을 최소한으로 하고 관람하게 하는 방식이었다.
이곳이 이탈리카와 다른 점은 주위 풍광이었다. 배산임수(?)의 형식처럼 뒤로는 산이 둘러싸고 있고 앞으로는 대서양이 펼쳐져 있었다. '임수'가 무척 강력했다. 하여간 폐허가 된 로마 시대 유적들이 주위 풍광과 어우러져 눈부시게 아름다운 자태를 드러내고 있었다. 이런 걸 두고 자연과 인공의 조화라고나 할까?

바엘로 클라우디아는 안달루시아 지역에서 가장 잘 보존된 로마 유적지 중의 한 곳이다. 기원전 2세기경, 북아프리카 지역과의 무역을 위해 조성되었는데 융성한 시기는 클라우디아 황제(재위 41년 1월~54년 10월) 때였다. 로마의 4대 황제였던 클라우디아는 이곳을 자신의 경제적 자금원으로 이용했다. 그러다 기원후 2세기 이후로는 몰락하기 시작한다. 대지진의 영향으로 큰 피해를 봤다고 한다. 바닷가 바로 옆에 있으니 쓰나미의 영향도 받았을 것이다. 이후로는 지브롤터해협에서 암약하던 해적들의 표적이 되었다. 참고로 클라우디아의 전임자는 3대 칼리굴라였고, 후임자는 5대 네로였다. 아주 막강한 전·후임자를 두었다.

천사도 보살님도 어디에나 있다. 다만 우리가 못 알아볼 뿐!

바닷가에 인접해 있는 만큼 바엘로 클라우디아는 어업이 발달했었다. 그중에서도 참치잡이가 성행했고, 소금도 생산되었다. 또한 가룸garum이라는 발효 조미료를 만들기도 했었다. 가룸은 일종의 생선 소스인데 로마 시대 이전부터 만들어졌다. 그리스인들과 페니키아인들도 가룸을 가미하여 음식의 풍미를 살렸다.

실내에 있는 작은 박물관을 둘러본 후 광장 쪽으로 이동했다. 신전이 있는 곳이다. 외관적으로 가장 복원이 잘된 곳이 신전이었다. 블록을 쌓듯 둥근 돌로 쌓은 돌기둥들이 인상적이었다.

신전 너머를 보니 산 한쪽이 모래로 뒤덮여 있었다. 모래가 바람을 타고 한쪽에 쌓인 것이다. 해안사구였다. 그걸 보니 충남 태안의 신두리

바엘로 클라우디아

뒤로는 산이 있고, 앞으로는 바다가 펼쳐져 있다. 멀리 바다 건너 북아프리카 땅이 보인다.

발데바케로스 해변(Playa Valdevaqueros)

바엘로 클라우디아에서 남쪽으로 약 10km 정도 떨어져 있다. 해변가를 넘어 뒤쪽 언덕까지 모래가 넓게 덮여 있다. 이 일대는 이런 지형들이 많이 나타난다. 태안 신두리 사구가 연상된다.

사구가 생각났다. 바엘로 클라우디아에 오지 않았다면 이런 독특한 경관을 보지 못했을 것이다. 그런 의미로 카타리나가 정말 고마웠다.

    정말 천사는 어디에나 있다. 다만 우리가 잘 인지하지 못할 뿐…. 더불어 보살님도 어디에나 있다. 역시 우리가 잘 모를 뿐…. 그런데 문제는 돌아오는 길이었다. 결국 25km를 걸었다. 쉬엄쉬엄 걸었더니 7시간 정도 걸린 거 같았다. 호스텔로 돌아가니 스태프가 좀 이상한 눈빛을 보내는 듯싶었다. 어쨌든 어려운 숙제 하나를 잘 끝낸 셈이다.

바엘로 클라우디아 지도

21 이베리아반도와 이슬람
알 안달루스, 711년부터 1492년까지

코르도바 메스키타(Mezquita)
메스티카는 모스크를 말한다. 과달키비르강에 놓인 로마시대 다리를 건너가면 더 재밌게 탐방할 수 있다. 현재 메스티카는 대성당으로 개조되었다. 메스티카 천장 중앙을 뚫고 대성당의 지붕을 올렸다.

　스페인의 타리파에서 여객선을 타고 모로코에 있는 탕헤르로 향했다. 여객선은 미끄러지듯 지브롤터해협을 가로질러 북아프리카로 나갔다. 객실에는 모로코 사람들로 보이는 무슬림들이 많았다. 여행하기에 딱 좋은 날씨였고, 여객선은 순항하고 있었다.

　'이베리아반도에서 철수해야 했던 아랍인들은 얼마나 안타까웠을까! 정말 나오기 싫었을 거 같아!'

　보는 위치에 따라서 관점이 달라지는 걸까? 스페인 땅을 떠나 모로코로 향하는 여정이라서 그런지 가톨릭 왕국이 아닌 이슬람 왕국의 시선으로 이베리아반도를 바라보게 됐다.

이슬람 세력은 이베리아반도를 '알 안달루스'라고 불렀다

　서기 711년, 서고트 왕국은 권력 다툼으로 인해 내전을 치르게 된다. 이때 세우타 총독이었던 돈 훌리안 백작이 북아프리카에 있던 이슬람 세력에게 원군을 요청한다. 이에 타리크 이븐 자야드Tariq ibn Ziyad가 이

세비야 알카사르(Real Alcázar de Sevilla)
8세기에 무어인에 의해 요새로 만들어졌다. 9세기에는 왕궁으로 개조된다. 1248년에 카스티야 왕 페르난도 3세가 세비야를 탈환한 후, 1364년에 페드로 1세가 무데하르 양식으로 고쳐 짓는다. 무데하르는 이슬람과 스페인의 양식이 서로 결합된 형태로 다른 유럽 국가들에서는 보기 어렵다. 세비야 알카사르는 그 가치를 인정받아 세계문화유산으로 등재되었다.

코르도바 알카사르
코르도바 메스키타와 가깝다. 둘을 묶어서 탐방할 수 있다.

끄는 군대가 상륙하게 된다. 이로써 700년 이상 지속됐던 이슬람 세력의 이베리아반도 주둔이 시작됐다.

이후 아랍인은 빠르게 진격하여 불과 7년 만인, 718년에 아스투리아스^Asturias 지역을 제외한 이베리아반도 전역을 다 복속하기에 이른다. 이렇게 아랍인이 정복한 이베리아반도 영토를 두고, 알 안달루스^Al-Andalus라고 부른다. 알 안달루스의 영역은 고정되지 않았다. 당연한 일이다. 가톨릭 왕조들이 힘이 세지면 알 안달루스는 남쪽으로 축소될 수밖에 없었다.

알 안달루스의 첫 번째 이슬람 정치세력, 우마이야 왕조

알 안달루스의 영역이 가변적이었던 만큼 정치세력도 고정적이지 않았다. 이것도 당연한 일이다. 무려 700년 이상 존속을 했는데 단일 세력이 계속해서 권력을 유지하기는 어려웠을 것이다.

서기 610년경, 무함마드(마호메트)가 이슬람교를 창시한다. 630년, 무함마드는 지금의 사우디아라비아에 있는 메카에 입성하는데 그로부터 2년 후인 632년에 숨을 거두고 만다. 무함마드 사후부터 661년까지, 이슬람 제국에는 4명의 칼리프^Caliph가 등장하여 통치하는데 이를 정통 칼리프 시대라고 부른다. 칼리프는 정치는 물론 종교의 최고 지도자를 뜻한다. 한마디로 제정일치 군주다.

4번째 칼리프는 암살을 당하고 만다. 이후 칼리프를 정하는 과정에서 큰 문제가 발생한다. 무함마드의 혈통만이 칼리프가 될 수 있다는 시아파와 무함마드의 핏줄이 아니어도 칼리프가 될 수 있다는 수니파로 갈라지게 된 것이다. 이때 칼리프 자리를 두고 내전까지 벌어지게 된다. 내전의 승자는 무아위야 1세였다. 무아위야 1세는 우마이야^Umayyad 왕조라고 불리기도 하는 우마이야 칼리프국을 세웠다. 이전까지는 칼리프를 선출했으나 우마이야 왕조에서는 세습제로 바꾸었다.

우마이야 왕조는 지금의 시리아 땅에 있는 다마스쿠스로 수도를 옮긴다. 이후 강력한 군사력을 앞세워 영토 확장에 나섰다. 전성기 시절에는 서쪽으로는 포르투갈, 동쪽으로는 우즈베키스탄까지 이어지는 광대한 영토를 획득하게 된다. 그렇다. 이베리아반도를 공격한 세력도 우마이야 왕조였다. 우마이야 왕조는 이베리아반도에 입성한, 이슬람의 정체성을 가진 최초의 정치세력이었다.

이슬람 세력이 짧은 시기에 이베리아반도를 손에 넣을 수 있었던 건 유대인들의 도움이 있었기 때문이다. 서고트 왕국은 가톨릭을 국교로 공인했고, 유대교인의 개종을 강요하게 된다. 우마이야 왕조가 침공하기 전인, 7세기 후반에는 개종을 거부하는 유대인들의 강제 추방, 재산 몰수를 결의하기도 했다. 서고트 왕국의 이런 강압적인 분위기와는 달리 이슬람 세력들은 세금만 내면 종교의 자유를 허락했다. 당시 이슬람교는 신흥 종교였기에 개방성을 가지고 있었다. 유대인들은 이런 이슬람교도들의 개방성에 성문을 열어주는 것으로 화답했다. 팔레스타인 문제를 두고, 철천지원수라고 불러도 모자를 이슬람교와 유대교가 1,300년 전에는 이베리아반도에서 뜻을 모아 화합을 이루었던 셈이다.

알 안달루스의 두 번째 이슬람 정치세력, 코르도바 에미르(후우마이야 왕조)

강성했던 우마이야 왕조는 750년에 몰락하고 만다. 여러 곳에서 반란이 일어났는데 그중 동방에서 거병한 아부 알-아바스 알-사파$^{Abū\ al\text{-}'Abbās\ al\text{-}Saffāḥ}$에 의해 우마이야 왕조의 14대 칼리파인 마르완 2세가 죽고 만다. 아부 알-아바스 알-사파는 새로운 왕조를 세우게 된다. 바로 아바스 왕조$^{Abbasid\ Caliphate}$다. 한편 751년에 당나라군이 새로 들어선 아바스 왕조의 동쪽 변경 지역인 탈라스를 공격한다. 당시 당나라군을 지휘하던 장수는 고선지였다. 파미르고원을 넘어 서역을 정벌하던, 고구려의 유민이었던 고선지 장군!

아바스 왕조는 우마이야 왕족들을 남김없이 다 제거하기에 이른다. 그래도 운 좋게 아브드 알라흐만 1세$^{\text{Abd al-Rahman I}}$가 살아남아 이베리아반도로 도망쳤다. 이베리아반도는 멀리 떨어져 있기에 아바스 왕조의 힘이 닿지 않았다. 우마이야 왕조의 피난처가 된 것이다.

아브드 알라흐만 1세는 코르도바를 수도로 삼고, 자신을 에미르^{Emir}라고 칭하게 된다. 에미르는 수장, 사령관 등으로 해석될 수 있다. 이렇게 새롭게 알 안달루시아에 개창된 왕조를 두고 후(後)우마이야 왕조, 또는 코르도바 칼리프 왕조라고 부른다. 이때가 756년이었다.

후우마이야 왕조는 에미르국에서 칼리프국으로 그 위상이 높아진다. 929년, 아브드 알 라흐만 3세$^{\text{Abd al-Rahman III}}$가 칼리프라고 선언했기 때문이다. 이제 후우마이야 왕조도 중동에 있는 아바스 왕조와 당당히 어깨를 견줄 수 있게 됐다. 코르도바 칼리프 시대는 1031년까지 지속된다.

에미르 시기부터 초대 칼리프까지, 아브드 알 라흐만 3세는 약 50년(912~961)간 재임했다. 이즈음 후우마이야 왕조는 크게 부흥하게 됐는데 당시 수도인 코르도바는 인구가 50만 명에 달했다. 코르도바에는 뇌와 안과 수술이 가능할 정도로 높은 수준을 자랑하는 의료진이 있었는데 워낙 의료 수준이 높다 보니 가톨릭 왕국의 귀족들도 몰래 찾아와 치료를 받았다고 한다. 이 외에도 코르도바 도서관에는 무려 40만 권에 달하는 장서가 갖춰졌고, 이를 바탕으로 그리스·로마의 고전들이 활발하게 번역되기에 이른다.

알 안달루스의 세 번째 이슬람 정치세력, 타이파 소국들

11세기에 들어서 후우마이야 왕조는 큰 내홍을 겪게 된다. 북쪽으로는 가톨릭 왕조들의 군대가 창끝을 겨누었고, 내부적으로는 내전에 시달리게 된다. 결국 1031년, 후우마이야 왕조는 역사의 뒤안길로 사라지고, 그 공백을 타이파Taifa라는 소규모 이슬람 제후국들이 차지하게 된다. 처음 타이파는 20여 개 이상이었지만 시간이 갈수록 통합되어 1080년 무렵에는 11개로 축소된다.

알 안달루스의 네 번째 이슬람 정치세력, 알모라비데족

타이파 분열기는 1086년, 알모라비데족에 의해 정리된다. 알모라비데족은 모로코를 비롯한 서부 사하라 지역에서 발흥하였는데 가톨릭 왕조들의 위협에 맞서 타리파 소국들을 돕는다는 명목으로 이베리아반도로 진격한다. 그들은 가톨릭 왕조의 군대들을 연이어 무찔렀다. 하지만 승승장구하던 알모라비데족의 앞길을 막는 이가 있었다. 그가 바로 엘시드였다.

알 안달루스의 다섯 번째 이슬람 정치세력, 알모아데족

1145년, 50여 년간의 알모라비데족의 통치는 막을 내렸다. 그 뒤를 이은 것은 알모아데족이었다. 알모라비데족, 알모아데족… 이름이 비슷해서 지금도 헷갈린다. 알모아데족은 세비야를 수도로 삼았다. 세비야의 명물인 세비야 대성당의 히랄다탑도 알모아데족 통치기에 만들어졌다. 물론 건축 당시에는 대성당의 부속건물이 아닌 모스크의 첨탑으로 만들어졌다.

종탑
코르도바 메스키타의 첨탑이었으나 현재는 대성당의 종탑으로 쓰이고 있다.

대서양과 지중해
모로코 탕헤르에서 바라본 대서양과 지중해의 교차 표시. 바다 저 너머에 이베리아반도가 있다.

21 이베리아반도와 이슬람

알 안달루스의 마지막 이슬람 정치세력, 나사리왕국(그라나다왕국)

알모아데족의 통치기는 1147~1248년이다. 1248년에 가톨릭 왕조에 의해 세비야가 함락됐고, 이후 이슬람 세력은 그라나다의 나사리^{Nazarí} 왕국으로 확 줄어들게 된다. 나사리 왕국은 작은 소국이었지만 가톨릭 왕조의 위협에서 200년 이상 버티게 된다. 그라나다의 산악 지형이 방패막이 역할을 해준 것이다. 그라나다 인근에 있는 시에라네바다 산맥의 최고봉인 물아센^{Mulhacén}은 그 높이가 무려 3,479m에 달한다.

1492년에 나사리 왕국이 멸망한다. 이로써 약 700년 이상 계속되었던 이슬람 세력의 이베리아반도 주둔도 막을 내리게 된다. 가톨릭 왕조들의 국토회복운동이 완성된 것이다.

모로코 탕헤르 여행은 당일치기였다. 대륙을 넘나드는 여행이 당일치기라니! 지브롤터해협을 넘어 다시 스페인 땅에 발을 딛게 됐다. 스페인에 왔더니 다시 스페인의 시각으로 변한 듯싶었다. 대륙을 넘나들었더니 배가 고픈 게 아닌가! 스페인 음식으로 속을 채웠다. 필자에게는 모로코 음식보다는 스페인 음식이 더 잘 맞았다.

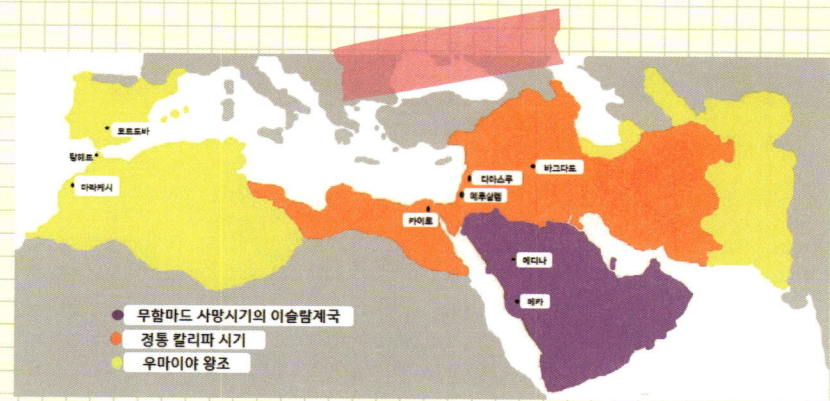

이슬람제국의 영토 변화

코르도바 에미르
756년경, 이베리아반도

21 이베리아반도와 이슬람

22 펠리페 2세와 스페인 무적함대

가톨릭을 수호하며, 최전성기를 이끈 펠리페 2세

산타크루스성(Palacio de Santa Cruz)
바야돌리드에 있는 산타크루스성. 바야돌리드는 왕실의 근거지였다.

지금은 경남 창원시로 통합된, 진해에 가면 웅천왜성이 있다. 왜성(倭城)이라면, 왜구들이 만든 성인가? 그렇다. 조일전쟁(임진왜란)이 시작된, 다음 해인 1593년에 일본군에 의해 웅천왜성이 축조된다. 포르투갈산 조총으로 무장한 일본군은 개전 초기 파죽지세로 북상한다. 하지만 이순신 장군의 수군을 필두로 한 조선군과 의병들, 그리고 명나라군의 강력한 항전으로 남해안 일대로 물러나게 된다. 이때 일본군들은 곳곳에 왜성을 쌓아 장기간 농성전을 벌이게 된다. 이 당시 축성된 왜성들은 성벽이 여러 겹으로 둘러싸인 겹성 형태를 띠고 있다. 층계를 이루듯 다층으로 성벽을 쌓아 방어력을 증강한 구조다. 이와 달리 우리나라의 산성들은 거의 한 겹으로만 성벽을 두르고 있다. 험준한 지형 자체가 또 다른 성벽 역할을 하다 보니 한 겹 이상의 효과가 있었다.

도요토미 히데요시를 비판한, 스페인 출신 그레고리오 데 세스페데스 신부

웅천왜성 앞에 세스페데스 공원이 있다. 이 공원은 스페인 출신인 그레고리오 데 세스페데스 Gregorio de Cespedes 신부를 기념하기 위해 세

워졌다. 그는 예수회 소속 신부로 우리나라를 최초로 방문한 서양 사람으로 기록되고 있다. 당시 웅천왜성에 주둔하고 있던 일본군 제1 선봉장 고니시 유키나가의 초청으로 일본 나가사키에서 진해 웅천으로 오게 된다. 이때가 1593년이었다.

세스페데스 신부는 1년 6개월간 조선에 머무르며 편지 네 통을 쓴다. 일본군의 초청으로 오기는 했지만, 그는 전쟁의 참혹함을 신랄하게 비판한다. 더군다나 도요토미 히데요시의 침략 야욕에 대해 거침없이 기록하기에 이른다.

로마제국의 부활을 꿈꾼 카를로스 1세(1516년 1월 23일 ~ 1556년 1월 16일)

우리나라가 조일전쟁(1592~1598)으로 큰 시련을 겪고 있었을 때 스페인은 최전성기를 누리고 있었다. 이때 왕이 그 유명한 펠리페 2세 Felipe II다. 펠리페 2세는 1556년, 아버지인 카를로스 1세 Carlos I(재위 1516~1556)로부터 왕위를 물려받았다. 카를로스 1세는 합스부르크가 출신으로 스페인의 왕이자 신성로마제국의 황제이기도 했다. 신성로마제국에서는 카를 5세 Karl V로 불렸다. 스페인, 이탈리아, 네덜란드, 독일 등등. 카를로스 1세는 전 유럽을 아우를 정도로 대제국을 건설했다. 실제로 그는 전 유럽을 통합하는 로마제국의 부활을 꿈꾸었다고 한다. 하지만 다스려야 할 범위가 넓어지면 그에 따른 복잡한 문제들도 따라오기 마련이다. 그의 통치 기간에 오스만튀르크와의 전쟁 같은 외적과의 싸움도 발발했고, 스페인에서 일어난 코무네로스 Comuneros 반란과 독일 지방의 농민반란 같은 내부적인 싸움도 일어났다. 또한 당시는 종교개혁으로 인해 신·구교 간의 갈등이 들불처럼 번지고 있었다.

잠깐 스페인에서 발생한 코무네로스 반란을 살펴보자. 1520년에 일어난 이 반란은 당시 집권자인 카를로스 1세의 과중한 세금 부담 등에 반대하여 세고비아, 톨레도, 바야돌리드 등 주요 도시에서 시민들이 봉기한 사건을 말한다. 이들 도시에서는 자치조직인 '코무니다드'가 만들어졌는데 그 구성원들을 '코무네로스'라고 불렀다. 그 이름을 따서 코무네로스 반란이라고 명명한 것이다. 주원인은 세금이었지만 외국에서 태어난 카를로스 1세에 대한 심리적 저항도 반란의 원인 중 하나였다.

1555년, 신교인 루터교를 승인한 아우크스부르크 화의가 있었다. 정치에 지쳐갔던 카를로스 1세는 다음 해인 1556년에 스페인의 왕위를 펠리페 2세에게 넘기게 된다. 같은 해에 신성로마제국의 황위는 동생인 페르디난트 1세$^{Ferdinand\ I}$에게로 넘겼다. 살아있는 군주가 자기 아들과 동생에게 양위한 사건이자 하나로 묶여 있던 합스부르크 가문이 스페인 계열과 신성로마제국 계열로 나뉘게 된 사건이었다.

스페인의 최전성기를 이끈 펠리페 2세 시기의 명과 암

펠리페 2세는 1556년부터 1598년까지, 무려 42년간 통치하며 스페인을 '해가 지지 않는 나라'로 만들었다. 이미 아버지 카를로스 1세가 물려준 광대한 영토에다 자신의 치세 기간에 획득한 포르투갈 왕국과 필리핀까지 더하여 대제국을 건설한 것이다.

펠리페 2세는 가톨릭의 수호자임을 자임했다. 스페인에서는 가톨릭 공동왕 시기인 1478년에 종교재판소가 세워졌다. 당시 종교재판소의 주 대상은 거짓으로 개종한 이슬람교도들이나 유대인들이었지만, 신을 모욕한 이들도 잡혀 왔다. 또한 신교도들도 끌려와 고초를 겪어야 했다. 중죄인들에게는 화형이 선고되는 등 종교재판소는 악명이 높았다. 이런 서슬 퍼런 종교재판소의 활동은 당시 서서히 일어나고 있던 종교개혁과는 확실히 대척점에 서 있었다.

카를로스 1세(왼쪽)와 펠리페 2세(오른쪽)
카를로스 1세는 신성로마제국에서는 카를 5세로 불렸다.
사진: wikimedia commons

카디스 대성당

펠리페 2세의 재임 기간에 참 많은 전쟁이 있었다. 워낙 전쟁이 잦다 보니 재정이 고갈될 정도였다. 라틴아메리카에서 은 광산이 발견되어 은이 쏟아져 들어왔지만, 전쟁으로 인한 재정 손실은 그보다 더 컸다. 결국 펠리페 2세는 세 번에 걸쳐 파산선언을 하게 된다.

『돈키호테』의 저자, 세르반테스도 참전한 레판토 해전

1570년, 오스만튀르크 제국이 베네치아 공화국의 영토였던 키프로스를 침공한다. 지중해 동쪽에 자리 잡은 키프로스는 크레타와 더불어 지정학적으로 무척 중요한 섬이었다. 이슬람 세력의 지중해 진출은 실체적 위협으로 다가왔다. 이에 교황은 가톨릭 국가들의 참전을 요청했고, 스페인을 필두로 한 신성동맹이 결성됐다.

1571년 10월 무렵, 그리스 서부에 있는 파트라스 해역에서 신성동맹의 함대와 오스만튀르크의 함대가 맞붙게 된다. 일명 레판토 해전이 벌어지게 된 것이다. 신성동맹군은 오스만튀르크 함대를 대파한다. 53척의 갤리선을 격침하고, 2만여 명을 살상한다. 레판토 해전은 화포 공격으로 승부가 갈린 최초의 해전이었다.

또한 『돈키호테』를 쓴, 스페인의 대문호인 세르반테스가 참전한 전투이기도 했다. 세르반테스는 레판토 해전에서 왼팔을 다치는데 그 부상으로 평생 왼팔을 못 쓰게 된다. 세르반테스는 평생을 풍운아처럼 살았고, 장애까지 얻게 됐지만, 꾸준히 작품 활동을 이어갔다. 대기만성은 그를 두고 하는 말인지 모르겠다. 1605년, 58세가 된 세르반테스는 『돈키호테』를 출간했고, 대박이 났다. 세상일은 정말 모르는 거다!

레판토 해전의 승리로 인해 일시적이긴 했지만, 지중해에서 오스만튀르크의 위협이 제거된다. 한편 스페인 함대는 레판토 해전의 가장 큰 승리자였다. 교황의 부름을 받아 이교도들을 지중해에서 몰아냈다는 찬사를 전리품으로 챙기게 된다. 16세기 지중해와 대서양에서 맹위를 떨쳤던, 스페인 무적함대$^{\text{Armada Invencible}}$가 큰 돛을 올린 것이다.

중앙집권화를 꾀한 펠리페 2세

카스티야의 수도는 고정되지 않았다. 왕실의 근거지는 바야돌리드였고, 비공식적으로 도읍지 역할을 한 건 톨레도였다. 이 외에도 카스티야 건국 초기에 중심지 역할을 한 동북쪽의 부르고스, 레온 왕국의 중심지인 레온도 카스티야의 핵심 도시들이었다.

왕좌에 오른 후 5년이 지난, 1561년에 펠리페 2세는 수도를 마드리드로 옮긴다. 또한 1584년에 마드리드에서 북쪽으로 약 50km 정도 떨어진 곳에 엘 에스코리알$^{\text{El Escorial}}$ 궁전을 짓는다. 엘 에스코리알은 궁전이지만 그 안에 대성당과 수도원, 묘지까지 포함된 거대한 건축물이다. 이런 일련의 과정들은 아버지인 카를로스 1세의 행적과는 다른 모습이다. 워낙 광대한 영토를 가지고 있다 보니 카를로스 1세는 각 나라를 순회하며 통치했다. 이에 비해 펠리페 2세는 마드리드로의 수도 이전을 통해 중앙집권화를 꾀했다.

스페인 무적함대 앞에 나타난 복병, 영국 함대

최전성기를 누리던 스페인 앞에 복병이 나타난다. 바로 영국이다. 당시 영국은 신교도 국가였는데 스페인의 식민지였던 네덜란드의 독립운동을 지원하고 있었다. 더군다나 프란시스 드레이크$^{\text{Francis Drake}}$가 이끄는 해적들이 아메리카에서 돌아오는 스페인 상선들을 약탈하고 있었다. 심지어 드레이크 함대는 1587년에 카디스항을 공격하여 스페인 함선 30여 척을 불태웠다. 펠리페 2세는 크게 격분하며 영국 측에 드레이

세르반테스 생가(casa de cervantes)
바야돌리드에 있는 세르반테스 생가. 이곳에서 『돈키호테』 초안을 작성했다고 한다.

마드리드 왕궁(Palacio Real de Madrid)
이전에 있던 건물을 18세기에 다시 지었다. 이때 프랑스 베르사유 궁전을 참조하여 바로크 양식으로 지었다.

크의 처벌을 요구했다. 하지만 당시 여왕이었던 엘리자베스 1세는 조롱이나 하듯 오히려 드레이크에게 작위를 하사했다.

결국 펠리페 2세는 영국을 정벌하기 위해 130여 척에 달하는 대규모 함대를 파병한다. 이때 함대의 출항지는 1580년에 합병된 포르투갈의 수도 리스본이었다. 스페인 함대는 곧바로 영국으로 직행하지 않고, 네덜란드에 있는 3만 명의 육군을 승선시킨 후 합동으로 공격하려고 했다.

스페인 무적함대는 위풍당당하게 영국으로 향했다. 하지만 승리의 여신은 스페인 함대에 승선하지 않았던 것 같다. 스페인 함대는 영국 함대에 매복 작전에 걸려 큰 혼란에 빠지게 된다. 당시 영국 배들은 스페인 배들보다 속도가 더 빠른 데다가 함포로 무장하고 있었다. 그래서 함포로 사격하고, 뒤로 물러서기를 반복했다. 조일전쟁에서 이순신 장군이 이끄는 조선 수군이 원거리에서 함포사격을 하는 것이 연상되는 장면이다.

칼레 해전에서의 굴욕

천신만고 끝에 스페인 함대가 네덜란드에 도착했다. 하지만 승선할 예정이었던 육군이 늦게 도착한 것이다. 그래서 스페인 함대는 해안에 무리 지어 정박하게 됐는데 이를 놓칠 영국 함대가 아니었다. 영국 함대는 화공을 펼쳤다. 바람이 영국 함대에 유리하게 불었다. 이에 스페인 함대는 북쪽으로 도망가기에 이른다. 브리튼섬을 한 바퀴 돌아 전열을 가다듬어 다시 공격에 나설 셈이었으나 이번에는 폭풍우에 가로막히게 된다. 영국 함대의 속도전과 폭풍우에 밀려 스페인 함대는 큰 타격을 입게 됐고, 결국 처참한 몰골로, 본국으로 귀환하기에 이른다.

이 해전은 칼레Calais 인근에서 벌어졌다 하여 칼레 해전이라고 부른다. 칼레는 도버해협에 있는 프랑스의 도시이다. 이 승리를 두고 영국에서는 무적함대와의 싸움에서 승전을 이루었다고 만방에 과시하게 된다. 자신들의 승리를 더 돋보이게 하려는 정치적 셈법이 작용했다고 할 수 있다. 이런 이유 때문인지 '무적함대'라는 별칭을 스페인 사람들 스스로 붙인 게 아니라 영국에서 조롱의 의미로 붙였다는 이야기가 전해지기도 한다.

가톨릭의 수호자를 자처한 펠리페 2세

칼레 해전에서 수모를 당했지만, 스페인은 빠르게 함대를 재건했다. 국가 전체적으로 보면 크게 감당하지 못할 패배가 아니었다. 하지만 당시 상대적으로 약체였던, 더군다나 신교 측에 서 있던 영국에 일격을 당했다는 사실이 너무나 뼈아팠다. 실제로 펠리페 2세 사후 스페인은 서서히 그 힘을 잃게 된다.

펠리페 2세는 가톨릭의 수호자로 자임했다. 이슬람 이교도들과 싸웠고, 신교파 이단들하고도 대립했다. 한편 예수회를 지원하여 활발한 해외선교에 나서게 했다. 조일전쟁 때 조선을 방문한 그레고리오 데 세스페데스 신부도 예수회 소속이다. 이런 펠리페 2세의 가톨릭에 대한 수호로 인해 스페인은 유럽 주요 국가들이 겪었던 신·구교도 간의 갈등이 거의 발생하지 않았다. 하지만 이게 꼭 좋은 일이 아니었다. 종교적인 폐쇄성이 부메랑이 되어 스페인의 근대화가 가로막히게 됐기 때문이다.

그나저나 펠리페 2세 시대를 둘러보다 보니 조선에 처음으로 발을 디딘 서양인인, 세스페데스 신부도 알게 되었다. 그러고 보면 세상일은 따로 떨어져 있는 게 아니라 서로서로 연결된 거 같다.

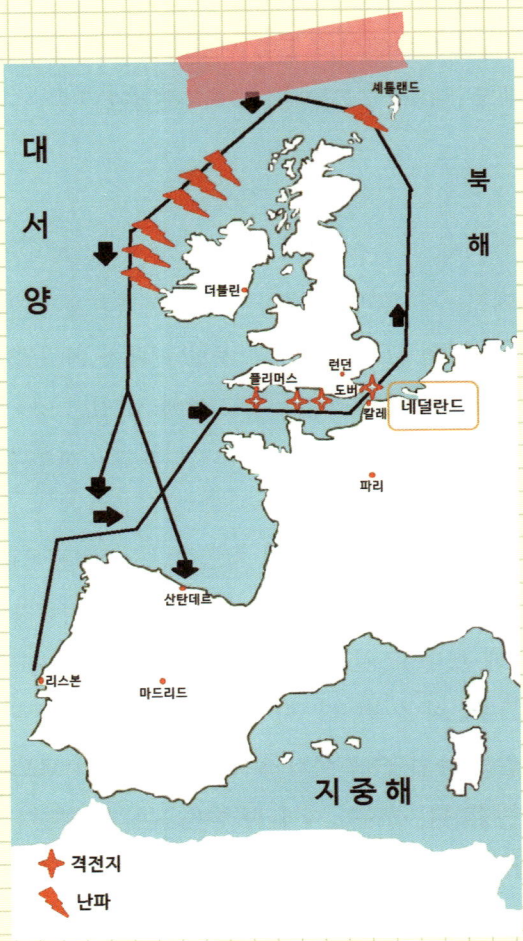

칼레 해전 지도
스페인 무적함대의 이동로 및 격전지.

23 환상적인 지브롤터해협 트레킹
지중해와 북아프리카를 동시에 만끽하며 걷는 길!

북아프리카 모로코

해협전망대에서 바라본 북아프리카 모로코. 산에 흰구름이 걸려 있다. 해협전망대는 걸어서 가기가 어렵다. 버스정류장도 한참 떨어져 있다. 타리파나 알헤시라스에서 택시를 타고 가는 편이 낫다.

 필자가 명색이 역사트레킹 마스터 아닌가? 이 책이 아무리 스페인의 역사와 문화에 치우쳐졌더라도 트레킹 체험기 하나 정도는 언급할 수 있지 않은가. 그래서 기억에 남는 트레킹 코스 하나를 소개해 본다.

 언뜻 스페인에서 트레킹이라고 하면, 산티아고 순례길부터 연상하실 것이다. '이베리아반도의 모든 길은 산티아고로 향한다'라고 할 만큼 산티아고 순례길은 본선인 프랑스길 이외에도 북쪽길, 은의길 등등, 수많은 지선을 가지고 있다. 그래서 아무리 창의적으로 걷는다고 해도 부처님 손바닥 안에서 맴도는 손오공처럼 산티아고 순례길에서 벗어나지 못한다. 하지만 이번에 소개할 길은 종착점이 산티아고가 아니다. 지브롤터해협에 있는 알헤시라스Algeciras다. 부처님 손바닥에서 살짝 벗어날 기회일지 모른다.

환상적인 길, 유럽 지중해 아치길

 이 길의 스페인어 명칭은 Sendero Europeo Arco del Mediterráneo 이다. 우리말로 거칠게 풀어쓰면 '유럽 지중해 아치길' 정도로 표현할 수 있다. 스페인어로 센데로sendero가 '좁은 길'이고, 아르코arco가 '아치'

란 뜻이다. 실제로 지도에서 지중해를 보면 둥근 아치 형태를 띠고 있다. 소로길을 따라 그 지중해를 걷는데 풍광이 비현실적이라고 느껴질 정도로 아름답다. 필자는 이 길을 지브롤터해협 트레킹 코스라고 부른다. 말 그대로 지브롤터해협을 끼고 걷기 때문이다. 또한 이곳에는 역사적인 흔적들이 많이 남아 있다.

지브롤터해협 트레킹 코스를 알게 된 건 정말 우연이었다. 당시 필자는 스페인의 남쪽 땅끝인 타리파에 머무르고 있었다. 도미토리 호스텔에 투숙했는데 그만 로커locker 열쇠를 분실하고 말았다. 업자를 부르니 마니, 절단기를 사러 가니 마니, 1시간 이상을 호스텔에서 호들갑을 떨었다. 스태프를 비롯한 투숙객들이 이상한 시선으로 보는 듯했다. 풀이 죽은 모습으로 호스텔을 돌아다니다가 마지막이라는 심정으로 침대를 확 들어 올렸다. 쇠붙이가 떨어지는 소리가 들리며 열쇠가 눈앞에 보이는 게 아닌가! 찾았다는 기쁨과 동시에 창피함이 밀려 들어왔다.

서둘러 체크아웃하고 해안 쪽으로 걸어갔다. 바닷바람을 쐬면서 창피함을 날려버릴 생각이었다. 타리파항에 가보니 북아프리카 모로코로 떠나는 여객선들이 분주히 오가고 있었다. 그러다 표지판을 보게 됐다. 타리파에서 동쪽으로 약 25km 떨어진 알헤시라스까지 이어진 트레킹 코스가 있는 것이다. 바로 그 '유럽 지중해 아치길'을 표시한 안내판이었다. 해변길을, 더군다나 지브롤터해협을 끼고 걸을 수 있다는데 주저할 필요가 있겠는가, 그래서 바로 길을 나서게 됐다.

이 길은 타리파Tarifa에서 알헤시라스Algeciras까지 연결된 길이다. 알헤시라스는 모로코에 있는 스페인령인 세우타로 가는 배편이 있는 곳이다. 도보여행길이라 좀 돌아가서 타리파에서 알헤시라스까지 약 27km 정도가 된다.

유럽 지중해 아치길을 제대로 걷고 싶다면 타리파섬에 있는 유럽 최남단 포인트에서 시작하면 좋다.

북아프리카 땅을 바라보며 해안 절벽을 걷다

유럽 최남단 포인트에서 타리파항을 지나면 타리파성이 나온다. 이 성에 관한 이야기는 이전 편에서도 언급했었지만, 복습 차원에서 다시 이야기해본다.

타리파성은 구즈만 엘 부에노가 항전했던 곳이라 하여 구즈만 엘 부에노 성이라고도 부른다. 성을 공격했던 이들은 이슬람 군대였는데 이들을 도운 이는 카스티야 왕국의 왕위를 노리던 후안이었다. 당시는 카스티야 내에서 왕위와 관련된 다툼이 있었을 때였다. 이렇듯 왕관을 차지하기 위해서는 이교도와의 연합도 불사하는 것이 권력의 속성이다. 이때가 1296년이었다.

이슬람 군대는 구즈만의 아들을 붙잡아 위협했다. 하지만 그는 성 밖으로 단검을 던져 아들을 죽이라고 하며, 결사 항전을 다짐한다. 구즈만의 맹렬한 저항 덕택에 타리파성은 위험에서 벗어날 수 있었지만 안타깝게도 그의 아들은 목숨을 잃고 만다.

타리파성 앞으로는 도로가 놓였고, 그 도로 바로 앞이 바다다. 아무래도 예전에는 성 바로 앞까지 바닷물이 들어왔을 거 같다. 그럼 바다를 거대한 해자로 쓰는 형식이 된다.

타리파성이 끝나는 지점에 숲길이 시작되는데 좀 어정쩡해 보였다. 그 어정쩡한 곳이 유럽 지중해 아치길의 공식 시작점이라고 할 수 있다. 숲길을 타고 이동했더니 고지대로 올라올 수 있었다. 숨을 고르고 주위를 둘러보았는데 탄성이 터져 나왔다.

"이야! 이게 바로 지브롤터해협이구나! 저 바다 건너편이 모로코 땅이고!"

해안 벙커
윗부분이 평평해서 일광욕을 즐기기에 딱인 곳이다. 소들도 저곳을 애용한다. 버려진 군사시설이 힐링의 장소로 탈바꿈한 것이다.

낭만 배낭
저 배낭을 메고 27km 정도를 걸었다. 배낭이 대신 인증을 해주고 있다.

사방이 탁 트인 해안 절벽 길이 이어졌는데 주위 풍광이 정말 환상적이었다. 푸른 지중해가 넘실거렸고, 바다 건너편 북아프리카 땅의 산에는 흰 구름이 걸려 있었다. 아틀라스산맥의 지맥인데 바다와 어우러진 산에 흰 구름이 띠를 두르고 있는 모습을 보고 있자니 비현실적인 풍광을 감상하는 듯했다. 신선들이 보는 광경이 저런 게 아닐까?

아름다운 자연환경, 흉물스러운 군사시설물

이 일대는 2003년, 해협 자연공원Parque Natural del Estrecho으로 지정되어 보호를 받고 있다. 그래서인지 이곳은 고래와 참치 같은 바다 동물들의 천국이다. 실제로 타리파와 알헤시라스는 어업과 관련된 산업이 발달하였다.

일부 구간은 해안 절벽 위에 만들어져 있었다. 아슬아슬한 낭떠러지 위를 걷다 보니 여수 금오도 비렁길도 생각나고, 경북 영덕의 블루로드도 연상됐다. 이곳에서 모로코까지는 직선거리로 약 15km 정도에 불과하니, 모로코 땅을 끼고 걷는다고 표현해도 될 듯싶었다.

그런데 걷다 보니 아름다운 풍광과는 배치되는 시설물들이 보였다. 바로 버려진 군사시설물이었다. 특히 벙커가 많았는데 그 벙커들을 벗삼아 소들이 느긋하게 되새김질하고 있었다. 예나 지금이나 지브롤터해협은 전략적 요충지이다. 지중해의 목구멍 같은 지브롤터해협을 틀어막는다면 적들의 해상 활동은 크게 위축될 수밖에 없다. 여기서 적이라고 하면 구소련이다. 1953년, 프랑코의 서슬 퍼런 독재가 자행되던 시기였지만 미국은 스페인과 군사동맹을 맺는다. 독재도, 파시즘도 냉전체제 앞에서는 묻지도 따지지도 않았던 것이다. 실제로 미국은 같은 해에 카디스 인근에 공군과 해군 기지를 만들어 주둔한다.

1950년대 미국과의 관계 개선이 이루어졌지만 같은 유럽 국가들과의 협력은 더 오랜 시간이 필요했다. 나토^{NATO} 가입은 1982년에 이루어졌고, 유럽공동체 가입은 1986년에 가서야 가능했다. 1975년에 프랑코가 사망한 후에 일어난 외교적 변화였다. 만약 프랑코 사후 민주화가 이루어지지 않고 군사독재가 계속됐다면 스페인은 계속 유럽의 일원이 되지 못했을 것이다. 그랬다면 지브롤터해협 트레킹도 하지 못했을 것이다. 당연히 산티아고 순례길도 걷지 못했고….

첨성대가 연상되던 과달메시탑

벙커 위에서 노닐던 소 중에 시커먼 녀석도 있었다. 투우에 쓰이는 토로 브라보^{toro bravo}라는 종인데 우리나라 흑소와 비슷하게 생겼다. 그중 한 녀석이 필자와 투우를 하려는 듯 길을 막고 있었다. 일촉즉발의 순간이었다. 자칫했다간 쇠뿔에 나가떨어져 고기밥이 될 처지였다. 하지만 창피하게 물러설 수 없지 않은가! 당당히 맞섰다.

"에게, 우리 한우보다 더 순하잖아!"

타리파성에서 약 10km 정도를 걷다 보면, 과달메시탑^{Torre de Guadalmesi}이 나온다. 과달메시탑은 높이가 약 15m 정도로 해안 절벽 위에 우뚝 솟아 있다. 16세기 후반에 관측용으로 만들어진 군사 시설이다. 바닷가 옆쪽에 우뚝 솟아 있어서 그런지

과달메시탑을 배경으로 찍은 사진은 두드러지게 잘 나왔다. 지중해를 향해 늠름하게 서 있는 과달메시탑을 보니 경주 첨성대가 생각이 났다.

과달메시탑은 수백 년간 지중해의 해풍을 묵묵히 다 맞으면서도 보존 상태는 꽤 좋았다. 그런데 출입구가 안 보이는 거다. 있긴 있는데 사다리를 타고 올라가야 할 정도로 높이 있었다. 군사시설이니 아무나 올

지브롤터해협
왼쪽 상단에 과달메시탑이 보인다.

과달메시탑
1588년경에 만들어진 과달메시탑. 해안 감시용 망루로 만들어졌다. 오래됐지만 훼손되지 않고 원형을 유지하고 있다.

라가지 말라는 뜻인가?

　과달메시탑 이후로는 풍력단지를 지났다. 그러고는 인적이 거의 없는 흙길을 꽤 오랜 시간 걸었다. 둘레길에서 걷듯 느림보처럼 걸었더니 목적지인 알헤시라스에 너무 늦게 도착했다. 그래도 결국 완주를 했다. 무거운 배낭을 메고서. 완주를 하니 몸은 피곤해도 무언지 모를 쾌감이 몰려왔다.

　이 길을 걸으려면 준비를 많이 해야 한다. 배낭에 음료도 가득 채우고, 행동식도 넉넉히 준비해야 한다. 이 일대가 자연공원으로 묶여 있다가 보니 식당 같은 편의시설이 아예 없다. 화장실도 없다.

　이렇게 제약이 많은 길이지만 한 번쯤 걸어볼 만한 길이다. 걷는 내내 행복해질 테니까! 정말 행복했다.

- 세부코스: 타리파섬 → 타리파성 → 벙커시설 → 과달메시탑 → 풍력단지 → 알헤시라스 시내
- 길이: 27km
- 난이도: 하
- 준비물: 행동식(빵, 샌드위치 등등), 생수, 겉옷
- 기타: 트레킹화를 신으면 좋으나 일반 운동화도 괜찮음. 바닷바람이 세게 불 수도 있으니 겉옷을 챙기는 게 좋음.
- 추천: 총 27km를 다 걷기가 어려울 것이다. 더군다나 과달메시탑 이후로는 길이 좀 외졌다. 그래서 과달메시탑까지 간 후 다시 돌아오는 원점 회귀 코스를 추천한다. 원점 회귀 코스는 약 20km 정도 소요됨.

유럽 지중해 아치길

유럽 지중해 아치길보다는 그냥 지브롤터해협 트레킹이라고 부르는 게 더 낫다. 이 길은 타리파에서 알헤시라스까지 약 27km 정도 된다. 완주가 버거우면 과달메시탑까지 간 후 돌아오는 원점회귀길을 추천한다. 과달메시탑 원점회귀는 약 20km 정도 소요된다.

에필로그1

순례길과 음식

스페인을 여행하면서 먹는 재미를 빼면 '앙꼬 없는 찐빵'을 입에 물고 있는 것과 같다. 하지만 일정이 빠듯한 순례길을 걷고 있다면, 끼니마다 상다리가 부러질 정도로 챙겨 먹을 수는 없는 법이다. 주머니가 가벼운 배낭여행자들도 마찬가지다. 이 책이 가이드북도 아니니 굳이 여기서 맛집을 소개할 필요는 없다. 그냥 필자가 순례길을 걸으면서, 혹은 배낭여행을 하면서 먹었던 음식들을 나열하겠다.

보카디요(bocaadillo)

역시 여행 중에 간편식으로 먹기에는 햄버거만 한 게 없다. 햄버거는 스페인어로 '암부르게사hamburguesa'라고 부른다. 'h'가 묵음이 되다 보니 그런 것인데 암부르게사라고 하니, 발음상 햄버거와는 상당히 동떨어지게 들린다. 어쨌든 패스트푸드점에서 판매하는 햄버거와는 달리 속을 제대로 채워서 제공되니 한 끼 식사로 먹을 만하다.

스페인에서는 바bar를 '바르'라고 부르는데 몇몇 바르는 햄버거를 팔지 않는다. 하지만 대체품이 있다. 스페인식 샌드위치인 보카디요를 먹으면 된다. 잘 구운 바게트 안에 기호에 따라 재료들을 채운다. 사진에서는 바콘bacón(베이컨), 토마테tomate(토마토), 우에보huevo(계란)로 채웠다. 아침 시간이어서 주스도 주문했다. 퀘소queso(치즈)까지 넣었으면 금상첨화였을 텐데….

타파스(tapas)

타파스는 간단하게 먹을 수 있는 간식, 혹은 술안주 요리이다. 커피잔처럼 작은 접시에 담아서 먹는다. 담는 그릇이 작은 만큼 부피가 작은 음식 위주다. 빵이 포함되어 있지 않다면 따로 주문해서 먹을 수 있다.

타파스를 스페인 북부에서는 핀초스pinchos라고 부른다. 핀초pincho가 '나무꼬챙이'라는 뜻인데 말 그대로 음식을 꼬챙이에 끼워서 먹는 것이다. 보통 작게 썰린 바게트빵 위에 주된 식재료를 끼워서 올려놓는다. 예를 들어 새우를 끼워놓으면 감바스gambas 핀초스가 되고, 연어를 올려놓으면 살몬salmón 핀초스가 된다.

타파 참피tapa champi는 버섯 꼬치를 말한다. 라 리오하La Rioja 지방에 있는 로그로뇨에서 많이 먹는 음식이다. 버섯을 쏙쏙 빼먹는 재미가 있다. 가격도 저렴하고 맛도 있어서 술안주로 제격이다. 로그로뇨가 속한 라 리오하 지방은 리오하 와인으로 유명한 지역이다. 타파 참피와 함께 와인을 곁들이면 소박하게나마 스페인의 맛과 멋을 즐길 수 있을 것이다.

파에야(Paella)

파에야는 스페인식 쌀 요리이다. 쌀을 스페인어로 아로스arroz라고 부르는데 쌀 경작은 이슬람인에 의해 발달한다. 실제로 쌀arroz이란 단어도 아랍어에서 나왔다. 쌀은 동부 발렌시아 지방에서 잘 경작됐는데

파에야도 발렌시아가 원조이다. 이후 스페인 전역으로 퍼져나가 '국민 볶음밥'이 되었다. 거기에 더해 스페인의 식민지들에서도 즐겨 먹는 음식이 된다.

향신료인 사프란으로 밥을 볶아 밥 색깔이 노랗다. 거기에 새우, 가재, 오징어 같은 해산물을 보기 좋게 올려놓아 입도 즐겁고, 눈도 즐겁게 해준다. 파에야는 작은 철판에서 조리하기도 하지만 동네 잔치하듯 아주 큰 철 솥 같은 곳에서 만들기도 한다.

보카디요
베이컨, 토마토, 계란이 들어간 보카디요. 치즈까지 주문했어야 했는데….

햄버거
스페인에서는 '암부르게사'라고 부른다. 패스트푸드점에서 즉석으로 파는 햄버거와 달리 꽤 다양한 재료로 채워져 있다.

타파 참피
버섯 꼬치. 고소한 맛이 난다. 와인과 함께 먹으면 좋다.

파에야
저렇게 큰 철판 솥으로 만들 수 있다. 동네잔치를 할 모양이다.
사진: wikimedia commons

파타스
주전부리 개념으로 가볍게 먹을 수 있다.

파에야
식당의 메뉴판.

에필로그 2
한국과 스페인, 왜 이렇게 닮은 거야? - 전 세계에 생중계된 쿠데타

"이게 뭐가 좋다고 이렇게 닮았어? 현대사를 공유한 거야?"

각각 유라시아 대륙의 한쪽 끝에 자리 잡고 있고, 언어도 문화도 다르다. 하지만 한국과 스페인은 서로 통하는 점들이 여럿 있다. 그중에서도 현대사는 서로 '폴더 공유'를 한 듯 유사한 점들이 많다. 스페인 내전은 한국전쟁과 비교되고, 프랑코 독재체제는 군사독재와 너무나 닮았다. 이후 민주화 과정에서의 진통까지…. 얼핏 보면 쌍둥이처럼 보일 정도다.

프랑코가 사망한 이후에 스페인이 왕정으로 회귀했으니, 일란성은 아니고 이란성 쌍둥이라고 할 수 있겠다. 또한 두 나라 모두 비슷한 시기에 쿠데타가 발생했지만, 한국과 스페인은 각기 다른 길을 걷게 된다. 한국은 신군부에 의해 1979년 12·12사태가 벌어지고, 다음 해 광주에서 수많은 민간인이 학살됐다. 하지만 1981년, 스페인 군부가 일으킨 반란은 채 20시간도 안 돼서 진압되었다. 서울의 봄은 꽃을 피우지 못했지만, 마드리드의 봄은 민주주의로 활짝 개화한다.

1975년 11월 20일, 프랑코의 철권통치가 막을 내린다!

1981년에 스페인에서 발생한 쿠데타는 2월 23일에 일어났다 하여 '23-F$^{23\ de\ febrero}$'라고 표기한다. 여기서 페브레로^{febrero}는 2월을 뜻한다. 23-F를 이해하기 위해서는 프랑코 사후의 스페인을 알아야 한다.

1975년 11월 20일, 철권통치를 하던 프랑코가 82세의 나이로 사망한다. 죽기 몇 해 전부터 프랑코는 병환에 시달렸고, 스페인 국내 상황은 혼란스러웠다. 1973년 ETA에 의한 카레로 블랑코 사망, 같은 해 있었던 1차 오일쇼크로 인한 경제 침체 등등. 국내외적으로 스페인은 어려움에 빠져 있었다. ETA(Euskadi Ta Askatasuna)는 바스크 민족의 독립을 주장하는 세력으로서 폭탄테러, 요인 암살 등 폭력 수단까지 동원하는 단체였다. ETA는 스페인 중앙정부에서는 테러단체로 낙인이 찍혔고, 반면 바스크 지역에서는 독립을 위해 싸우는 투사로 추앙받았다.

해군 제독 출신인 루이스 카레로 블랑코$^{Luis\ Carrero\ Blanco}$는 1973년 6월, 프랑코에 의해 총리로 지명된다. 강경파였던 블랑코는 총리로 지명된 지 6개월 후인, 1973년 12월 20일에 폭발 사고로 사망한다. ETA가 설치한 폭탄이 터져 사망을 하게 됐는데 폭발력이 워낙 강력해서 그랬는지 그가 탄 자동차가 20m 높이까지 치솟아 올랐다고 한다. 각종 테러를 자행하여 지탄받았던 ETA였지만, 블랑코에 대한 처단은 강렬한 이미지를 심어주었다. 오죽했으면 블랑코에 대한 테러가 ETA의 '유일한 민주주의 공헌'이라는 아리송한 농담까지 나올 정도였다.

국제적 고립을 벗어나기 위한 결행된, 왕정복고

약 40년 동안 독재를 자행했던 프랑코가 사망하고 이틀 후인, 1975년 11월 22일 후안 카를로스가 왕좌에 올라 후안 카를로스 1세가 된다.

후안 카를로스 1세
로널드 레이건, 미국 대통령 부부와 기념 사진을 찍는 후안 카를로스 1세 부부. 오른쪽부터 레이건 대통령, 후안 카를로스 1세 국왕, 낸시 레이건 여사, 소피아 왕비. 1987년경에 찍은 사진이다.
사진: wikimedia commons

스페인에 다시 부르봉 왕조가 복원된 것이다. 프랑코는 알폰소 13세의 손자인 어린 후안 카를로스를 데려다 교육했고, 1969년에 왕위 계승자로 지명한다. 아들이 없던 프랑코는 후안 카를로스를 자식처럼 대했고, 후안 카를로스도 프랑코의 뜻을 충실히 따랐다.

이렇게 프랑코가 스페인을 왕정 국가로 만들기 시작한 건, 2차 대전이 연합국의 승리로 끝난 이후부터였다. 독일, 이탈리아, 일본 등등. 파시스트 체제는 몰락했다. 당시 스페인은 세계 유일의 파시스트 국가였기에 주변국들의 매서운 눈초리가 스페인으로 향하게 됐다. 특히 프랑스는 국경을 폐쇄하기에 이른다. 한때 유럽에서는 '피레네산맥을 넘으면 아프리카다'라는 말이 있었다. 스페인의 후진성을 비꼰 말인데 피레네산맥을 두고 맞닿아 있는 프랑스가 국경을 막으니, 그 냉소적인 표현이 현실이 되어버린 것이다. 프랑코 체제는 큰 위기에 봉착했다.

그런 위기에서 벗어나고자 프랑코는 왕정 복원이라는 카드를 꺼내 든다. 파시스트 체제에 대한 국제사회의 압박을 군주정 복귀라는 방패로 막아내고자 했다. 후안 카를로스의 왕위 계승자 지명도 그런 일련의 과정에서 일어난 일이다.

군주정 복원은 눈속임이었다. 실질적인 후계자는 블랑코였기 때문이다. 프랑코주의자들은 허수아비 왕을 내세워 국제사회의 시선을 돌리고, 프랑코가 없더라도 프랑코 체제가 계속해서 지속되길 바랐던 것이다. 하지만 급작스러운 블랑코 사망으로 인해 프랑코 사후의 정치 구도는 엇박자가 났다.

스페인 국민은 후안 카를로스 1세를 프랑코의 하수인 정도로만 생각했다. 실제로 그는 프랑코에게 절대복종했다. 하지만 그 모습이 전부가 아니었다. 후안 카를로스는 자신의 진심을 숨기고 때를 기다렸다. 얼핏 '상갓집 개'를 자처하던 흥선대원군의 모습이 연상될 정도다.

후안 카를로스 1세는 프랑코 독재체제가 민주주의로 변화되길 바랐다. 1976년 7월, 43세인 아돌프 수아레스 Adolfo Suárez를 총리로 지명함으로써 그 첫 번째 단추가 끼워졌다. 당시 아돌프 수아레스는 이름이 알려지지 않은 정치인이었다. 하지만 후안 카를로스 1세에 의해 전격적으로 발탁된 후, 민주주의 이행기에 큰 공헌을 하게 된다. 수아레스는 속도전을 치르듯 신헌법 제정, 정치개혁법 제정, 정당의 합법화(공산당 포함) 등등. 수많은 개혁을 빠르게 진행한다. 하나회 해체, 조선총독부 철거, 금융실명제 제정 등등. 김영삼 정권이 들어선 후 숨 가쁘게 이루어졌던 개혁 드라이브가 연상되는 대목이다.

아돌프 수아레스 총리
사진: wikimedia commons

생중계된 쿠데타

하지만 프랑코 체제의 뿌리는 깊었다. 1981년 2월 23일이었다. 스페인 의회에서 레오폴드 칼보 소텔로Leopoldo Calvo-Sotelo가 2대 총리로 취임하는 취임식이 열리고 있었다. 당시 의회에는 1대 총리였던 아돌프 수아레스을 비롯하여 모든 각료와 의원들이 참석했고, 취임식은 TV로 스페인 전역에 방송되고 있었다.

이때 안토니오 테헤로 몰리나Antonio Tejero Molina 중령이 지휘하는 구아르디아 시빌Guardia Civil 병력 200여 명이 의회로 난입했다. 병력은 기관단총과 자동소총으로 무장을 했고, 의사당 천장으로 총을 발사하며 인질들을 위협했다. 이후 테헤로 몰리나가 권총을 손에 들고 의장석에 올라가 연설한다. 이때 동부 발렌시아에서는 기갑부대 군단장이었던 하이메 밀란스 델 보쉬(Jaime Milans del Bosch)가 병력을 움직여 쿠데타에 가담했다.

23-F 쿠데타가 일어난 것이다. 일순간에 새 총리의 취임식이 군사

23-F 쿠데타
무장한 반란군들이 의회를 점령했다. 권총을 들고 단상에 오른 이가 바로 테헤로 몰리나 중령이다.
사진: wikimedia commons

반란의 장으로 변하게 된 것이다. 이 모든 장면을 스페인 국민이 TV를 통해 생중계로 시청하고 있었다. 2024년 12월 3일, 윤석열 대통령이 주도한 친위쿠데타도 TV와 인터넷을 통해 전 세계로 생중계됐으니 이 부분도 서로 '폴더 공유'를 한 거 같다.

구아르디아 시빌 순찰차

쿠데타에 단호했던 맞선, 후안 카를로스 1세

쿠데타 세력에 맞서 국왕인 후안 카를로스 1세가 TV에 나와 쿠데타 세력들에게 항복하라고 엄포를 놓았다. 후안 카를로스 1세는 군 총사령관 복장을 하고 단호하게 민주주의 수호를 외쳤다. 그런 국왕의 결연한 태도에 23-F 쿠데타는 20시간도 안 돼서 진압된다. 스페인 국민은 불의에 맞서 결연한 태도를 보인 국왕에게 큰 신뢰를 보낸다. 더 이상 프랑코의 후계자가 아닌 민주주의를 지켜낸 국민의 지도자로 추앙하게 된 것이다.

이후에도 스페인은 우여곡절이 있었지만, 꾸준히 민주주의로 이행한다. 한국도 마찬가지였다. 1987년 6월 항쟁 이후, 독재의 사슬을 걷어내고 민주화의 발걸음을 이어갔다. 그런 의미에서 2024년 12월 3일, 윤석열이 일으킨 친위쿠데타는 온 국민이 경악할만했다. 대명천지에 쿠데타라니!

2025년 4월 4일, 인과응보라는 말처럼 결국 윤석열은 대통령직에서 파면된다. 인생사 자업자득이다. 우리는 민주주의를 원하지, 쿠데타를 원하지 않는다. 이런 바람은 단지 한국과 스페인만 공유하는 것이 아닌,

전 세계 모든 사람이 공유해야 하는 가치일 것이다.

*참고: 구아르디아 시빌$^{Guardia\ Civil}$은 시민 경비대로 국경수비, 대테러 활동, 해외파병 등과 같은 군사 분야 역할뿐만 아니라 재난방지, 치안 유지 같은 경찰 임무도 수행한다. 한마디로 군사 임무와 경찰 임무가 혼재된 역할을 하는 것이다. 그래서 구아르디아 시빌은 내무부와 국방부의 이중 통제를 받는다.

빌바오
빌바오에 있는 구겐하임 미술관. 빌바오는 바스크의 중심 도시이다. 스페인 내전 당시, 독일 공군기들의 폭격으로 큰 피해를 본 게르니카는 빌바오에 인접해 있다. 두 도시 간의 거리는 약 35km 정도다.

재미난 스페인

초판 1쇄 발행	2025년 7월 25일
지은이	곽작가
펴낸곳	역사트레킹북스
펴낸이	곽동운
편집·디자인	강동준
출판등록	제25100-2021-000074호
이메일	historytrekkingbooks@naver.com
블로그	blog.naver.com/historytrekkingbooks
ISBN	979-11-983936-3-0 03920

* 책값은 뒤표지에 있습니다.
* 파본은 구입하신 서점에서 교환해 드립니다.
* 이 책의 전부 또는 일부 내용을 재사용하려면 반드시 저작권자의 사전 동의를 받아야 합니다.